What the Persian Media Says

A Coursebook

Pouneh Shabani-Jadidi

First published 2015
by Routledge
2 Park Square, Milton Park, Abingdon, Oxon OX14 4RN

and by Routledge
711 Third Avenue, New York, NY 10017

Routledge is an imprint of the Taylor & Francis Group, an informa business

© 2015 Pouneh Shabani-Jadidi

British Library Cataloguing in Publication Data
A catalogue record for this book is available from the British Library

Library of Congress Cataloging in Publication Data
A catalog record for this book has been requested

ISBN: 978-1-138-82555-0 (hbk)
ISBN: 978-1-138-82556-7 (pbk)
ISBN: 978-1-315-73988-5 (ebk)

Typeset in Times New Roman and B Lotus
by Graphicraft Limited, Hong Kong

MIX
Paper from
responsible sources
FSC
www.fsc.org   FSC® C013056

Printed and bound in Great Britain by
TJ International Ltd, Padstow, Cornwall

What the Persian Media Says

What the Persian Media Says: A Coursebook is a comprehensive and stimulating course for intermediate to advanced students of Persian. Presenting many exercises based on authentic Persian newspaper texts, the course thoroughly introduces students to the language of the news in Iran. Real cultural content is featured throughout and there is a strong focus on enabling students to gain familiarity with day-to-day modern Persian discourse.

Features include:

- A wide range of interesting and challenging exercises presented throughout, including activities designed to both test students' knowledge in a classroom setting and to search online for further Persian news resources
- Usage of authentic texts from the Iranian media, written for native speakers, with sources including *Ettelā'āt*, *Keyhān*, *Sharq*, *E'temād*, *Irān*, and *Mardomsālāri*
- Coverage of topics highly relevant to modern day Persian society, including the arts, divorce, violence, problems of youth, unemployment, politics and economic issues, enabling cultural engagement and knowledge of complex expressions and idioms used in the media
- A comprehensive bilingual glossary of journalistic and non-journalistic terminology used in the newspaper texts, provided at the back of the book for easy access
- All the newspaper texts and their corresponding audio files available for free download at http://www.routledge.com/books/details/9781138825567/

What the Persian Media Says combines modern and more traditional techniques of language teaching. With all the newspaper texts and their corresponding audio files available for free on the Routledge website, students can read the texts in digital form and listen to the audio while working on exercises in the book, enabling full and exciting engagement with the course materials.

Written by an experienced instructor, this will be an invaluable resource for intermediate to advanced undergraduate and graduate students of Persian. It can also be used by self-learners and by instructors and students on intensive courses and summer language programs.

Pouneh Shabani Jadidi holds a PhD in Linguistics from the University of Ottawa. She has been a Faculty Lecturer, teaching Persian language and linguistics as well as Persian literature and translation at McGill, Oxford, Chicago and Azad universities since 1997. She is the co-author of *The Routledge Introductory Persian Course*, 2010 and *The Routledge Intermediate Persian Course*, 2012 (both with Dominic Brookshaw). Shabani-Jadidi is also a reviewer for the *Journal of the International Society for Iranian Studies* and the *International Journal of Applied Linguistics* since 2008.

Contents

Acknowledgements

I would like to thank Andrea Hartill, Isabelle Cheng and their colleagues at Routledge for believing in this project and for helping me realize it. I would also like to thank the anonymous reviewers for their feedback and comments. I am grateful to the co-author of my first two textbooks of Persian, Dr. Dominic Brookshaw, whose *Media Persian* gave me the idea of writing this book.

I am most grateful to Sajjad Nikfaham Khubravan and Mahmood Shahidi for helping me get permissions to print pages from the newspapers used in the book. In particular, I would like to thank the editors of *Ettelā'āt*, *Keyhān*, *Sharq*, *E'temād*, *Irān*, and *Mardomsālāri* newspapers for granting me the permission to use some of their texts in my book. I would also like to thank Pouyan Shahidi Marnani for assisting with the audio recordings for the book.

Finally, I would like to thank my students at McGill who were the first to study the book and provided me with their comments and suggestions. I would especially like to thank Dr. Patricia J. Higgins for editing the glossary of the book.

Last but not least, I would like to thank my husband Dr. Marc des Jardins and my son Arian Mir-Hashemi for their love and support, which helped me throughout the completion of this project.

What the Persian Media Says: A Coursebook

This textbook is suitable for upper-intermediate and advanced levels of Persian. It includes interesting, yet challenging exercises on authentic newspaper texts, published for native readers, as well as a bilingual comprehensive glossary of journalistic and non-journalistic terminology used in the papers. The texts and their corresponding audio files are available to be downloaded for free from the Routledge website. With the growing use of computers, laptops and ipads by the students in class, this textbook combines modern and more traditional techniques of language learning. Students will read the texts on their computers and listen to their audio files while they do the exercises in the book in the traditional way. Each lesson contains exercises that require the students to search for similar texts online. Thus language learning becomes live and exciting to the students.

Therefore, this textbook will be of use to many instructors who are looking for challenging and authentic material for their students. All academic settings which offer Persian language courses can adopt this textbook in their upper-intermediate and advanced courses. Due to its being comprehensive and extensive, the textbook is also ideal for intensive courses, such as summer language programs. In addition, since there are audio recordings of all the texts, individuals who are learning the language on their own can use it, too.

The aim of this textbook is to provide upper-intermediate and advanced students of Persian as a foreign language an opportunity to read authentic texts in Persian. Through various exercises, students will be familiar with the news terminology as well as other complex expressions and proverbs used throughout the news articles. Through extensive exercises, they will acquire the skill to grasp the information contained within each news title and subtitle. In addition, in each lesson, there are some activities that are required to be done in pairs, which is conducive to a task-based teaching approach. This way, students will learn from their teammates and will feel less anxious when practising the second language. There are also some exercises that require students to write similar news articles and share them with their teammates. This will make the class dynamics lively and informative. The exercises are graded, starting with the most general and progressing to the most specific questions. Therefore, students will have a chance to grasp the language as a whole and then smoothly get to the subtleties in the vocabulary and structure they have encountered in the texts.

Layout of the book

There are 30 lessons, each of which includes 1–2 pages from one of the main newspapers published in Iran, followed by relevant exercises. The texts selected in this volume are extracted from the newspapers published in Iran rather than the ones published online and in the west, so that the Persian used is closer to the actual language spoken in Iran. In the newspapers published outside Iran, there are often traces of English transfer, both in terms of structure and vocabulary and in the form of presentation of the news.

The first 15 lessons of the book, i.e. lessons 1–15, each contain one page from one of three newspapers, *Ettelā'āt*, *Keyhān*, or *Sharq*.

The second half of the book, that is, lessons 16–30, contains two pages from one of three newspapers, *E'temād*, *Irān*, or *Mardomsālāri*.

The reason why two pages were allocated for each lesson only in the second half of the book is that initially, it is harder for the students to scan and skim the texts in two pages and especially to find answers to specific questions. However, after the first half of the book, and especially after completing the whole book, students are expected to find it easy to scan and skim any number of newspaper pages with little difficulty.

Each lesson includes the following sections:

1. *One or two pages of a newspaper*
   These pages are selected from different sections of the newspaper, encompassing subjects such as politics, arts, economics, classified, national news, international news, sports, cinema, etc.
2. *Comprehension questions, with more general questions preceding the more detailed questions*
   This exercise aims at strengthening the students' scanning and skimming skills.
3. *Idiomatic expression exercise*
   This section includes proverbs, idioms, and technical and non-technical expressions.
4. *Headline-understanding exercise*
   Each headline includes different pieces of background information, which might not be clear at the first reading. Therefore, this exercise is a good practice for eliciting the deeper and more implicit readings.
5. *Writing practice*
   This exercise should be done in class as a writing workshop. Students can follow the style of the articles they have read.
6. *Vocabulary exercise*
   In the vocabulary exercise, students not only practice the meanings of the new words, but also practice connecting ideas using relative clauses.
7. *Singular/plural exercise*
   The Arabic broken plural construction is challenging not only for the second language learners but also for heritage learners. Through this exercise, students will encounter these forms over and over throughout the book until they become automatic for them.
8. *Sentence making*
   This is a good exercise to practice using the expressions and proverbs the students have read and practiced before in the idiomatic expression exercise.
9. *Conjunction exercise (paraphrasing)*
   This exercise is good practice for students as they will be familiar with and practice different ways of saying the same idea. University students will find this useful when they are quoting from primary sources in their papers and theses.
10. *Persian-English and English-Persian glossary*
    This comprehensive glossary includes journalistic terminology and non-journalistic terminology used in the newspaper pages covered in the book.
11. *Audio material for all the sections in the newspaper pages covered in the book, recorded by a native speaker of Persian*
    The audio files as well as the texts are available to be downloaded for free from the Routledge website.

درس ۱

در گروه های دو یا سه نفره به پرسش های زیر پاسخ دهید.

۱. نام و تاریخ انتشار این روزنامه چیست و چه اطلاعات جانبی دیگری در حاشیه صفحه آمده است؟

۲. این صفحه روزنامه شامل چه بخش هایی است؟

۳. عنوان های خبری را در این صفحه مشخص کنید و به طور خلاصه بگویید هر یک راجع به چیست.

۴. نرخ یک دلار آمریکا چقدر است؟

۵. عناوین مهم خبری در روزنامه کیهان چیست؟

۶. کدام روزنامه ها بر مسایل سیاسی بیشتر تأکید می کنند؟

۷. معنی اصطلاحات زیر را توضیح دهید.

۱. سخنم را عریان تر بیان کنم.
۲. این آش نه بدان شوری و نه به این بی نمکی هیچ کدام خوردنی نیست.
۳. این خواسته ها فقط آب و نان نیستند.
۴. زبانم لال!
۵. صاحب این قلم ادعا می کند.
۶. اما تکلیفشان مشخص نیست.

۸.   عناوین خبری زیر شامل چه اطلاعات پیشینه ای هستند؟

۱.   هیچ مانعی در توسعه همکاری های ایران و عراق وجود ندارد

۲.   دیپلماسی بخش خصوصی برای توسعه تجارت با کشورهای منطقه

۳.   ابرهای تردید و ارعاب از فضای ایران دور شد

۴.   تصویب ۳۰ میلیون دلار طرح جدید سرمایه گذاری خارجی

۹.   یکی از عناوین خبری این صفحه را انتخاب کنید و در مورد آن یک خبر
بنویسید. سپس آنرا در گروهتان مطرح کنید.

۱۰.   برای هریک از کلمات زیر توضیح مناسبی بنویسید.

مثال: سرمایه گذار: کسی که پولش را در کاری می گذارد تا سود بیشتری ببرد.

بی پروا: کسی که _____.

معقول: چیزی یا کسی که _____.

ناله: صدایی که _____.

فاسد: چیزی یا کسی که _____.

شاکی: کسی که _____.

مدعی العموم: کسی که _____.

سیاهه: چیزی که _____.

سرمقاله: مطلبی که _____.

قائم مقام: کسی که _____.

بشکه: چیزی که _____.

شورای امنیت: جایی که _____.

افراطیون: کسانی که _____.

سخنگوی کاخ سفید: کسی که _____.

بی طرف: کسی که _____.

مرکز آمار: جایی که _____.

۱۱. مفرد کلمات زیر را بنویسید.

مثال: تجار (تاجر)

مناطق

موانع

اظهارات

مقررات

اصول

احزاب

منافع

مطامع

افلاک

مفاهیم

آیات

روایات

حکم

افاضات

فضایل

اعضا

مجامع

حقوق

وزرا

مخازن

میادین

مواضع

ذخایر

شرایط

رقبا

درس ۱

اقشار

رئوس

اسلحه

اموال

۱۲. با هریک از عبارات زیر یک جمله بنویسید.

سرمایه گذاری

راهنمایی و رانندگی

محدودیت آفرینی

به ستوه آمدن

ادعا کردن

به بار آوردن

نهادینه شدن

حقوق بشر

کم توجهی

برنامه ریزی

غیرقابل اجتناب

شورای امنیت

قوه قضائیه

تصریح کردن

روز افزون

اعلام آمادگی کردن

۱۳. جملات زیر را با استفاده از کلمات و عبارات ربطی که در پرانتز آمده بازنویسی کنید.

مثال: مدیرگروه اس ام اس دماگ آلمان برای اجرای طرح های فولادی و معدنی اعلام آمادگی کرد. (که)

مدیرگروه اس ام اس دماگ آلمان اعلام آمادگی کرد که طرح های فولادی و معدنی را اجرا کند.

تماس اشتون برای اطمینان بخشی نسبت به تعهدات ۱+۵ بود. (تا)

خیلی از این افراد می توانند درصورت بازگشت به کشور مفید باشند. (اگر)

سیاست خارجی جمهوری اسلامی ایران در مدت کوتاهی که دولت یازدهم روی کار آمده تغییرات زیادی را به خود دیده است. (پس از)

فرزندان ما درحال اندوختن و آموختن معانی دیگری از زندگی و فضیلت های آن هستند که هر پدر و مادر بصیر و آگاه و دلسوزی را آشفته می کند. (چراکه)

اگر فرصت وحوصله تان اجازه داد یک روز مرخصی استحبابی و یا استشهادی بگیرید. (درصورت)

این مسأله از آنجا که به جان انسان ها مربوط است به لحاظ شرعی نیز مورد تأکید است. (به علت)

مردم ایران فقط مردم تهران نیستند. مردم ایران شامل مردم ساکن مرزهای کشور و ایرانی هایی که خارج از ایران زندگی می کنند هم هستند. (گذشته از)

درس ۲

در گروه های دو یا سه نفره به پرسش های زیر پاسخ دهید.

۱. نام و تاریخ انتشار این روزنامه چیست و چه اطلاعات جانبی دیگری در حاشیه صفحه آمده است؟

۲. این صفحه روزنامه شامل چه بخش هایی است؟

۳. عنوان های خبری را در این صفحه مشخص کنید و به طور خلاصه بگویید هر یک راجع به چیست.

۴. چه آگهی هایی در این صفحه منتشر شده است؟

۵. روزنامه کیهان ورزشی حاوی چه مطالبی است؟

۶. شرکت سهامی صنایع دستی ایران چه چیزی را به مزایده گذاشته است؟

۷. هفته نامه زن روز حاوی چه مطالبی است؟

۸. عناوین خبری زیر شامل چه اطلاعات پیشینه ای هستند؟

۱. سخت ترین تحریم ها علیه ایران باقی می ماند
۲. مراکز فرماندهی عربستان در حومه دمشق به دست ارتش سوریه افتاد
۳. شبکه های اجتماعی داخلی برای مقابله با شبکه های خارجی فعال می شوند
۴. فتنه گرایان پررویی کنند جمعیت ده ها میلیونی ۹ دی بساطشان را جمع می کنند

۹. یکی از عناوین خبری این صفحه را انتخاب کنید و در مورد آن یک خبر بنویسید. سپس آنرا در گروهتان مطرح کنید.

۱۰. برای هریک از کلمات زیر توضیح مناسبی بنویسید.

مثال: نمایشگاه: جایی که کالاهای مختلف برای بازدید عموم به نمایش گذاشته می شود.

شناسنامه: مدرکی که _____ .

کلاهبرداری: کاری که _____ .

مصمم: کسی که _____ .

وزیرامورخارجه: کسی که _____ .

جهان سوم: کشورهایی که _____ .

راحل: کسی که _____ .

پاورقی: مطلبی که _____ .

پیش پرداخت: مبلغی که _____ .

فرآورده های نفتی: چیزهایی که _____ .

سوله صنعتی: جایی که _____ .

اسکله: جایی که _____ .

باشگاه: جایی که _____ .

۱۱. مفرد کلمات زیر را بنویسید.

مثال: صفوف (صف)

جرایم

شرکا

ملل

مذاکرات

اسناد

مجامع

اشخاص

سوابق

مبالغ

مدارک

شعب

صنایع

قطعات

اقلام

جداول

وجوه

ضمایم

۱۲. با هریک از عبارات زیر یک جمله بنویسید.

کلاهبرداری

سلاح هسته ای

وزیرامورخارجه

دستورکار

نمایندگان مجلس

دیدارمحرمانه

چشم پوشی کردن

اعتراض سراسری

حداقل حقوق

دست از کار کشیدن

شرایط موجود

واجد شرایط

ارزیابی کیفی

ضمانت نامه بانکی

مهروامضاء

ترتیب اثردادن

۱۳. جملات زیر را با استفاده از کلمات و عبارات ربطی که در پرانتز آمده بازنویسی کنید.

مثال: برچیدن بخشهای زیادی از تأسیسات هسته ای ایران از شرایط رسیدن به توافق نهایی است. (چنانچه)

چنانچه بخشهای زیادی از تأسیسات هسته ای ایران برچیده شود، توافق نهایی صورت خواهد گرفت.

انتقال تجربیات علمی ایران به عراق می تواند یکی از زمینه های مهم همکاری دو کشور باشد. (اگر)

تنها راه اطمینان به ایران آن است که آنها سانتریفیوژهای خود را اسقاط کرده و از اورانیوم غنی شده خود چشم پوشی کنند. (مگر آنکه)

بهتر بود در جریان مذاکرات، ایران غنی سازی را کاملاً متوقف می کرد این خواسته زیادی از ایران نیست. (که)

اگر موفقیتی در گفت وگوهای هسته ای به دست آمده باید مدیون مقاومت ملت ایران بود. (بخاطر)

مطابق اسناد موجود، بهائیان درانتخاب شوستر نقش داشتند. (حاکی از این است که)

درس ۳

در گروه های دو یا سه نفره به پرسش های زیر پاسخ دهید.

۱. نام و تاریخ انتشار این روزنامه چیست و چه اطلاعات جانبی دیگری در حاشیه صفحه آمده است؟

۲. این صفحه روزنامه شامل چه بخش هایی است؟

۳. عنوان های خبری را در این صفحه مشخص کنید و به طور خلاصه بگویید هر یک راجع به چیست.

۴. چه آگهی هایی در این صفحه منتشر شده است؟

۵. ضمیمه شرق حاوی چه مطالبی است؟

۶. بر اساس نتایج قرعه کشی جام جهانی ایران با کدام تیم ها بازی خواهد کرد؟

۷. معنی اصطلاحات زیر را توضیح دهید.

۱. تیم های دیگر با آمادگی کامل به مصاف حریفان خود می روند.
۲. هیچ عقده ای را نسبت به هیچ کس در دل به جا نگذاشت.
۳. گذشت را سرلوحه کار خود قرار داد.
۴. ممکن است به ذهنی ساده اندیش خطور کند.
۵. جامعه علمی کشور را به سوگ نشانده است.
۶. از خرمن دانش او بهره مند شده بودم.
۷. بوسه بر دستان پینه بسته دموکراسی

۸. عناوین خبری زیر شامل چه اطلاعات پیشینه ای هستند؟

۱. شیوه ماندلا الگوی حل مخاصمات

۲. سریتا شرکت برتر سال ۲۹ در صنعت آرایشی و بهداشتی ایران شد

۳. استاد خبر بی خبر رفت

۹. یکی از عناوین خبری این صفحه را انتخاب کنید و در مورد آن یک خبر بنویسید. سپس آنرا در گروهتان مطرح کنید.

۱۰. شعر زیر از کیست؟ تفسیر آن را بنویسید. سپس آنرا در گروهتان مطرح کنید.

چون ز خود رستی همه برهان شدی

چون که گفتی بنده ام سلطان شدی

نردبان خلق این ما و منی است

عاقبت این نردبان افتادنی است

۱۱. برای هریک از کلمات زیر توضیح مناسبی بنویسید.

مثال: رئیس دانشگاه: کسی که در رأس دانشگاه قراردارد.

مربی: کسی که ـــــــــــــــــــــــــــــــــــــ .

نماد: چیزی که ـــــــــــــــــــــــــــــــــــــ .

سالروز: روزی که ـــــــــــــــــــــــــــــــــــــ .

اسقف اعظم: کسی که ـــــــــــــــــــــــــــــــــ .

کینه توز: کسی که ـــــــــــــــــــــــــــــــــــــ .

ستمدیدگان: کسانی که ـــــــــــــــــــــــــــــــ .

اسطوره: چیزی که ـــــــــــــــــــــــــــــــــــــ .

نردبان: چیزی که ـــــــــــــــــــــــــــــــــــــ .

سرلوحه: چیزی که ـــــــــــــــــــــــــــــــــــــ .

آشوبگر: کسی که ـــــــــــــــــــــــــــــــــــــ .

بنیانگذار: کسی که _____ .
قدردان: کسی که _____ .
مرکز همایشهای بین المللی: جایی که _____ .
مراکز گردشگری: جاهایی که _____ .

۱۲. مفرد کلمات زیررا بنویسید.

مثال: جوایز (جایزه)

انواع

حقوق

اقوام

مظاهر

سلاطین

مبارزین

اذهان

عناوین

خطوط

عناصر

متخصصین

توفیقات

۱۳. با هریک از عبارات زیر یک جمله بنویسید.

فراز و فرود

به میدان رقابت آمدن

بدون وقفه

اجلاس جهانی محیط زیست

تبعیض نژادی

مورد تقدیر قرار گرفتن

پیام آوران صلح

گذشت کردن

نادیده انگاشتن

اوج محبوبیت

به کرنش واداشتن

دستان پینه بسته

مبارزه مسلحانه

به ذهن خطورکردن

محصولات آرایشی و بهداشتی

۱۴. جملات زیر را با استفاده از کلمات و عبارات ربطی که در پرانتز آمده بازنویسی کنید.

مثال: ما در سه دوره گذشته، دو دوره ناموفق و یک دوره موفق داشتیم. (اگرچه)

ما در سه دوره گذشته، اگرچه دو دوره ناموفق داشتیم، در یک دوره موفقیت حاصل کردیم.

ایران در چهارمین حضورش، پای به رقابتی می گذارد که تیم های دیگر با آمادگی کامل به مصاف حریفان خود می روند و همه تیم ها با اهداف مشخص به میدان رقابت می آیند. (نه تنها ..... بلکه .....)

ماندلا توانست در فضای دوقطبی و پرکینه و نفرتی که میان سیاه ها و سفیدها به وجود آمده بود، آپارتاید و تبعیض نژادی را سقط کند و کشور را نجات دهد. (پس از)

راهی که ماندلا پس از آزادی از زندان درپیش گرفت ومخالفان خود را یکسره بخشید وهیچ عقده ای را نسبت به هیچ کس دردل به جا نگذاشت، خیلی از رهبران جهان را به شگفتی فروبرد. (به دلیل)

او با کناره گیری داوطلبانه از بالاترین مقام کشورش به دنیا ثابت کرد که غایت مبارزه حکومت کردن نیست. (چراکه)

نامش را نمی دانم اما با تعریف من بنیانگذار دموکراسی آفریقایی بود.
(باوجودیکه)

هرچند افتخار شاگردی استاد را نداشتم اما درجلسات مختلفی اورا دیده بودم
و از خرمن دانش او بهره مند شده بودم. (علی رغم)

درس ۴

در گروه های دو یا سه نفره به پرسش های زیر پاسخ دهید.

۱. نام و تاریخ انتشار این روزنامه چیست و چه اطلاعات جانبی دیگری در حاشیه صفحه آمده است؟

۲. این صفحه روزنامه شامل چه بخش هایی است؟

۳. عنوان های خبری را در این صفحه مشخص کنید و به طور خلاصه بگویید هر یک راجع به چیست.

۴. منظور از آقای هانتر! دیر به دنیا آمده اید چیست؟

۵. ریيس مجلس شورای اسلامی از پیشبرد چه نوع تعاملاتی میان ایران و چین سخن به میان می آورد؟

۶. پیمانی که میان سران ایران و افغانستان منتشر شد چه مفادی را دربر می گیرد؟

۷. معنی اصطلاحات زیر را توضیح دهید.

۱. ولو به طور موقت
۲. به دیده تکریم و احترام نگریسته اند.
۳. از یگان مستقر در میدان سان دیدند.
۴. توسعه مراودات دوستانه فیمابین
۵. ازجمله عوامل پیدایش و تعمیق رکود تورمی
۶. قوه قضاییه سکاندار قضاوت و حفاظت از حق الناس است.
۷. با همین نوع پیشنهادها دمار از روزگار تاریخ درآورده اند.

۸. عناوین خبری زیر شامل چه اطلاعات پیشینه ای هستند؟

۱. کنترل تورم ایجاد اشتغال و ثبات در بازار ارز هدف گیری لایحه بودجه ۹۳

۲. قوه قضاییه در آزمایشی بزرگ بزرگ

۳. امنیت افغانستان باید به مردم این کشور سپرده شود

۴. آزمون پایبندی تمامی طرف ها به مفاد توافقنامه ژنو آغازشده است

۹. یکی از عناوین خبری این صفحه را انتخاب کنید و در مورد آن یک خبر بنویسید. سپس آنرا در گروهتان مطرح کنید.

۱۰. شعر زیر از کیست ؟ تفسیر آن را بنویسید و بگویید چرا در این مقاله آورده شده است. سپس آنرا درگروهتان مطرح کنید.

پیل فنا که شاه بقا مات حکم اوست

هم بر پیادگان شما نیز بگذرد

۱۱. برای هریک از کلمات زیر توضیح مناسبی بنویسید.

مثال: میراث: چیزی که گذشتگان برای آیندگان به جای می گذارند.

محک: چیزی که ـ_____.

کارنامه: چیزی که ـ_____.

محکمه: جایی که ـ_____.

سند: چیزی که ـ_____.

همزاد: کسی که ـ_____.

سکاندار: کسی که ـ_____.

ناظر: کسی که ـ_____.

مکشوف: چیزی که ـ_____.

دستیار: کسی که ـ_____.

پیش نویس: چیزی که ـ_____.

نخبگان: کسانی که ـ_____.

ماحصل: چیزی که ــ .

متحدان: کسانی که ــ .

۱۲. مفرد کلمات زیر را بنویسید.

مثال: تخلفات (تخلف)

اسناد

اهداف

حقوق

دواوین

محاسبات

قضات

افکار

ضوابط

ارامنه

امور

نخبگان

روابط

مناطق

حوادث

اصول

اسلحه

حملات

۱۳. با هریک از عبارات زیر یک جمله بنویسید.

هزینه ساز

عملکرد

کاستی

ارزیابی

تبعیض نژادی

اتحادیه اروپا

ابلاغ

تخلفات مالی

حاکمیت

لاجرم

قضاوت

امنیت ملی

افکار عمومی

غیرقابل انکار

اظهار امیدواری کردن

صلح بین الملل

به رسمیت شناختن

حسن نیت

۱۴. جملات زیر را با استفاده از کلمات و عبارات ربطی که در پرانتز آمده بازنویسی کنید.

دولتی که می آید میراث دار دولت قبلی است و همین است که از همان شروع کار محاسبه می کند که ازگذشته چه میراثی را دریافته است. (چراکه)

اگرچه چندین جلسه دراین باره با حضور رؤسای قوه مجریه، مقننه وقضائیه تشکیل شد و برخی از پرونده های فساد مالی در دستگاه قضائیه مورد بررسی قرارگرفت، اما هنوز نه قوه قضائیه کار را تمام شده می خواند و نه مردم از روال اقدام رضایت دارند. (علی رغم)

اینجا دیگر هدف سیاسی و یا سیاسی کاری نیست، اینجا سخن ازحق الناس و سلامت حاکمیت کلان در کشور است. (نه تنها..... بلکه.....)

سالهاست که عادت کرده ایم دولت پولدار همراه و همزاد با فساد گردد، وگرنه دولت بی پول، لاجرم فاقد فساد است. (اگرچه)

هیأت پارلمانی اروپا با هدف توسعه روابط پارلمانی میان ایران و اتحادیه اروپا بامداد جمعه وارد تهران می شود. (تا اینکه)

هرگونه توانایی غنی سازی که در ایران باقی می ماند، محدود خواهد ماند. (درصورت)

افزایش بودجه سال ۹۳ با هدف تحرک بخشی دولت درسرمایه گذاری خواهد بود. (هدف از)

بودجه دولت هرچند به سادگی می تواند نقش تخریب کننده در تشدید شرایط رکود تورمی را ایفا کند، ولی به دلیل وجود محدودیت های مالی نقش سازنده بودجه در خروج از شرایط جاری بسیار محدود است. (چراکه)

درس ۵

در گروه های دو یا سه نفره به پرسش های زیر پاسخ دهید.

۱. نام و تاریخ انتشار این روزنامه چیست و چه اطلاعات جانبی دیگری در حاشیه صفحه آمده است؟

۲. این صفحه روزنامه شامل چه بخش هایی است؟

۳. عنوان های خبری را در این صفحه مشخص کنید و به طور خلاصه بگویید هر یک راجع به چیست.

۴. لطیفه غار با همکاری اسراییل وعربستان چه ارتباطی دارد؟

۵. بیشتر پیامک هایی که ازسوی خوانندگان فرستاده شده است درمورد چیست؟

۶. چه گزارشی به نقل از نشریه فارینپالیسی دراین صفحه آمده است؟

۷. معنی اصطلاحات زیر را توضیح دهید.

۱. حقایق زیادی را بر ملا می کند.

۲. کسی پاسخگو نیست.

۳. چرا که انتظاری زیادتر از بضاعت ایشان برآنها تحمیل می کند.

۴. قصه از آنجا تأسف بار و قابل تأمل شد که برخی روزنامه نگاران و فعالان سیاسی نیز در موج این اغراق گویی و تمجید اسیرشدند.

۵. اگر قرار باشد که گفته های مسؤلین ضمانت اجرایی نداشته باشد همان بهتر که چیزی نگویند.

۸.   عناوین خبری زیر شامل چه اطلاعات پیشینه ای هستند؟

۱.   طرفین مراقب باشند پنجره مذاکرات بسته نشود
۲.   نگرانی کنگره آمریکا نسبت به نزدیک شدن شرکت های نفتی به ایران
۳.   وزیر دفاع آمریکا: مذاکره با ایران همراه با گزینه نظامی است

۹.   چه کسی به مصدق زمانه معروف شده است و چه ارتباطی بین وی
و محمد مصدق وجود دارد؟

۱۰. یکی از عناوین خبری این صفحه را انتخاب کنید و در مورد آن یک خبر
بنویسید. سپس آنرا در گروهتان مطرح کنید.

۱۱. برای هریک از کلمات زیر توضیح مناسبی بنویسید.

مثال: پیامد: چیزی که درنتیجه کاری بروز می کند.

انگیزه: چیزی که _____ .
رزمنده: کسی که _____ .
مرتکبین: کسانی که _____ .
سینه زنان حسینی: کسانی که _____ .
هواداران: کسانی که _____ .
مسلح: کسی که _____ .
ردپا: چیزی که _____ .
شرکا: کسانی که _____ .
افتتاحیه: مراسمی که _____ .
غار: جایی که _____ .
وسوسه: احساسی که _____ .
پیشامد: آنچه که _____ .
امین: کسی که _____ .
طلبه: کسی که _____ .
سیلو: جایی که _____ .

درس ۵

خاطی: کسی که ــ .

دلال: کسی که ــ .

طنز: نوشته ای که ــ .

۱۲. مفرد کلمات زیررا بنویسید.

مثال: رموز (رمز)

ایام

ضربات

رزمندگان

فرق

صفوف

مناطق

شرکا

موارد

وزرا

فجایع

جرایم

وساوس

نکات

شروط

مصوبات

مذاکرات

احزاب

مجامع

طلاب

اقشار

۱۳. با هریک از عبارات زیر یک جمله بنویسید.

بحبوحه
علی الظاهر
تحت تعقیب بودن
درزکردن
مهارکردن
با استناد به
به رخ کشیدن
کما اینکه
خون دل خوردن
غیراخلاقی
خطاب به
حائز اهمیت بودن
درصدد برآمدن
سوء تعبیرکردن
رفتارنابجا
عزم جزم کردن
خاطرنشان کردن
تأسف بار
فاقد اعتبار
به اجرا گذاشتن

۱۴. جملات زیر را با استفاده از کلمات و عبارات ربطی که در پرانتز آمده بازنویسی کنید.

برخی از سخنان طرف مقابل درمورد توافق ژنو سودمند نیست و طرفین مذاکرات هسته ای باید مراقب باشند که این پنجره یسته نشود. (در غیر این صورت)

دچارشدن اپوزیسیون سکولار دموکرات انحلال طلب و مستقل به کمای سیاسی ناشی از فقدان هدف و استراتژی معین و قابل قبول گسترده، همراه با واکنشی بودن رفتارها و گفتارها، وناامیدی از فروپاشی رژیم است. (بنابراین)

برخی روشنفکران که باید دغدغه بیان حقیقت و پیگیری آن را داشته باشند، در ورطه رویکردهای پوپولیستی افتادند. (به جای)

وقتی اسناد لانه جاسوسی آمریکا منتشر شد، معلوم گردید برخی اعضای جبهه ملی با آمریکایی ها سروسردارند. (با)

سیاست نظام بر افزایش جمعیت کشوراست ولی دولت قانون جدید مرخصی زایمان مصوبه مجلس را که مورد تأیید شورای محترم نگهبان نیز قرارگرفته به اجرا نمی گذارد. (باوجود)

مدتی است که کارت های اعتباری یک ساله توسط بخش صدور اعتباری مترو صادر نمی شود وعلت آن را مصوبه شورای اسلامی شهر تهران عنوان می کنند. (دلیل)

شرکت هواپیمایی کشوری برخلاف بخشنامه دولت دوباره پای شرکت های پیمانکاری را به فرودگاه ها بازکرده است. (اگرچه)

فصل زمستان در پیش روی است مع الوصف مدرسه راهنمایی روستای تپه طاق فاقد سوخت می باشد. (علی رغم)

درس ۶

در گروه های دو یا سه نفره به پرسش های زیر پاسخ دهید.

۱. نام و تاریخ انتشار این روزنامه چیست و چه اطلاعات جانبی دیگری در حاشیه صفحه آمده است؟

۲. این صفحه روزنامه شامل چه بخش هایی است؟

۳. عنوان های خبری را در این صفحه مشخص کنید و به طور خلاصه بگویید هر یک راجع به چیست.

۴. در چه شرایطی فیس بوک و گوگل پلاس می توانند در ایران فعال شوند؟

۵. شهر اراک اینک به چه معروف است ودرگذشته به چه معروف بود؟

۶. مجادله موسویان وچاک هاگل بر سرچه بود؟

۷. معنی اصطلاحات زیر را توضیح دهید.

۱. حتی یک چوب کبریت هم از سازمان تأمین اجتماعی تحویل نگرفته.
۲. مراتب را با وی درمیان گذاشتم.
۳. روز روشن را شب و سفید را سیاه جلوه می دهد.
۴. شب سیاهی برسرنوشت مملکت ما حاکم شد.
۵. اینها باید هم دوش و هم آغوش پیش بروند.
۶. نمی توانید از قید استبداد رهایی پیدا کنید.

۸. عناوین خبری زیر شامل چه اطلاعات پیشینه ای هستند؟

۱. هویت دانشگاه و دانشجو، نقد امور است

۲. گزارش تخلفات تأمین اجتماعی هنوز به قوه قضاییه نرسیده است

۳. فشار برخریداران نفت ایران را ادامه می دهیم

۴. سران فتنه آزاد شوند، اصلاح طلبان آنان را می کشند

۹. یکی از عناوین خبری این صفحه را انتخاب کنید و در مورد آن یک خبر بنویسید. سپس آنرا در گروهتان مطرح کنید.

۱۰. برای هریک از کلمات زیر توضیح مناسبی بنویسید.

مثال: ضوابط: قوانینی که درجایی وجود دارد.

هویت: چیزی که ـــ.

سرمقاله: مطلبی که ـــ.

وطن فروش: کسی که ـــ.

حساب ارزی: حسابی که ـــ.

مساعده: پولی که ـــ.

منزلت: چیزی که ـــ.

حشمت: چیزی که ـــ.

منشأ: چیزی که ـــ.

اسناد غیر شمول: مدارکی که ـــــــــــــــــــــــــــــــــــ.

انکارنشدنی: چیزی که ـــ.

موازین شرعی: قوانینی که ـــــــــــــــــــــــــــــــــــــ.

مدیرمسؤول روزنامه: کسی که ـــــــــــــــــــــــــــــــ.

ناصواب: چیزی که ـــ.

معاهده: سندی که ـــ.

بمب هسته ای: بمبی که ـــ.

سلاح های کشتارجمعی: سلاح هایی که ـــــــــــــــ.

۱۱. مفرد کلمات زیررا بنویسید.

مثال: اسلحه (سلاح)

معاهدات

مصارف

مواد

ضوابط

مناسبات

شؤون

طوایف

مقالات

مسؤولین

اسناد

ضایعات

قلوب

۱۲. با هریک از عبارات زیر یک جمله بنویسید.

استفاده غیرصلح آمیز

شبکه های اجتماعی

منوط بودن

به نوبه خود

آزادی طلبی

آزادی اندیشه

آزادی بیان

آزادی اجتماعات

سازش کردن

توافق جامع

براندازی نظام

مدیون بودن

انکارنشدنی

شناسایی شدن

فاش کردن

بلا استثناء

به صورت مستمر

درتصرف قراردادن

بدون اغماض

۱۳. جملات زیر را با استفاده از کلمات و عبارات ربطی که در پرانتز آمده بازنویسی کنید.

چاک هاگل وزیردفاع آمریکا روز شنبه درسخنرانی افتتاحیه این کنفرانس، برنامه اتمی ایران و سلاح های شیمیایی سوریه را تهدیدهای اصلی منطقه درزمینه سلاح های کشتارجمعی خواند و بر اراده آمریکا برای مبارزه با این تهدیدها تأکید کرد. (با)

باوجود امضای توافقنامه با ایران، بیش از ۵۳ هزارسرباز آمریکایی درمنطقه خلیج فارس باقی می مانند وآمریکا قصد تغییر در میزان نیروها را ندارد. (باوجودیکه)

بازرسان به تهران آمدند تا به استان مرکزی رفته و از کارخانه آب سنگین اراک بازدید کنند. (هدف از)

اراک به واسطه رآکتور آب سنگین اش و کارخانه ای با همین عنوان از ژنو تا وین به یکی از موضوعات مذاکره تبدیل شد. (ازآنجائیکه)

اراک شهری است که به انگور و شیره انگور معروف بوده اما هیچ وقت برای داشتن تاکستان هایش درجایی شهره نشد. (باوجود)

یک ماه پیش توافقی میان رئیس سازمان انرژی اتمی ایران ومدیرکل آژانس بین المللی انرژی اتمی در تهران امضا شد تا بازدید ازکارخانه تولید آب سنگین اراک و معدن گچین دربندرعباس انجام گیرد. (پس از)

درحالیکه تهران تأکید کرده که در اراک پلوتونیوم برای مصارف پزشکی می سازد، غرب مدعی استفاده غیر صلح آمیز از این ماده است. (علی رغم)

ممکن است راه حلی پیدا کنیم تا فیس بوک و گوگل پلاس هم بتوانند در ایران حاضر باشند. (درصورت)

آقای شریعتمداری علاوه براین بارها مقامات عالی کشور را که ازاعتماد و احترام تمام مردم برخوردارهستند، مورد حمله قرارداده و به آنها نسبت مزدوری وجاسوسی داده است. (نه تنها ..... بلکه .....)

اگر ایشان سندی علیه اشخاص دارند، باید این اسناد را به دادگاه بدهند تا دادگاه این افراد را محاکمه کند. (درصورت)

توافق هسته ای موقت با ایران برنامه غنی سازی ایران را متوقف می کند و دراین مدت مذاکرات درباره یک توافق جامع صورت می گیرد. (چنانچه)

درس ۷

در گروه های دو یا سه نفره به پرسش های زیر پاسخ دهید.

۱. نام و تاریخ انتشار این روزنامه چیست و چه اطلاعات جانبی دیگری در حاشیه صفحه آمده است؟

۲. این صفحه روزنامه شامل چه بخش هایی است؟

۳. عنوان های خبری را در این صفحه مشخص کنید و به طور خلاصه بگویید هر یک راجع به چیست.

۴. کلمه استانبول به چه معناست ودرکجا به صورت اصطنبول به کار رفته است؟

۵. پندارها و گفتارها نوشته کیست و در مورد چیست؟

۶. چه کتاب هایی در بخش معرفی کتاب، معرفی شده اند؟

۷. در مقاله جهان شناخت و رمزپردازی، تفاوت میان حیات مادی و حیات معنوی چگونه توصیف شده است؟

۸. معنی اصطلاحات زیر را توضیح دهید.

۱. این را عرض کنم.
۲. بدون آنکه شرحی درباب کارهایش بدهم.
۳. توضیحش را می گذارم به عهده استادانی که اهل اطلاع هستند.
۴. دائم باهم گلاویزند.
۵. عناوین برخی مطالب این کتاب بدین قرار است.

۶. آنجا را به شهر ارواح تبدیل کرده بود.

۷. شهرک بیشتر به یک بیغوله می مانست.

۸. با این گونه آدمها دمخور بودم.

۹. سیاست عدم توسل به خشونت

۱۰. مشحون از غرور و سربلندی

۹. یکی از عناوین خبری این صفحه را انتخاب کنید و در مورد آن یک خبر بنویسید. سپس آنرا در گروهتان مطرح کنید.

۱۰. شعر زیر از کیست؟ تفسیر آن را بنویسید و بگویید چرا در این مقاله آورده شده است. سپس آنرا درگروهتان مطرح کنید.

تا ز استانبول لشکرسوی ایران تاختم

تاج صوفی غرقه خون ملامت ساختم

شد غلام همتم ازجان و دل سلطان مصر

تا لوای یوسفی در ملک مصر افراختم

کرد از ملک عراق آن پرده آهنگ حجاز

چنگ نصرت را چو در بزم ظفر بنواختم

۱۱. برای هریک از کلمات زیر توضیح مناسبی بنویسید.

طنز: نوشته ای که _____ .

فتوحات: جاها وچیزهایی که _____ .

غلام: کسی که _____ .

چنگ: آلت موسیقی ای که _____ .

فرزانه: کسی که _____ .

قلمرو: مناطقی که _____ .

مأوا: جایی که _____ .

مینیاتور: نقاشی ای که _____ .

توپخانه: جایی که _____ .

پی نوشته: نوشته ای که _____ .

کوته نوشته: نوشته ای که _____ .

شهر ارواح: شهری که _____ .

لجوج: کسی که _____ .

نماد: چیزی که _____ .

تندرو: کسی که _____ .

تجار: اشخاصی که _____ .

کنجکاو: کسی که _____ .

بهانه: چیزی که _____ .

۱۲. مفرد کلمات زیر را بنویسید.

سلاطین

فتوحات

خلفا

ارواح

شؤون

فرق

مطالبات

تجار

محافل

جلسات

مدارک

جوانب

قیود

اهداف

ادراک

تجارب

قواعد

وجوه

جرایم

مواضع

آرا

نظریات

اصول

افراد

عناوین

احوال

مطالب

مراتب

طوایف

روابط

رموز

ابعاد

عناصر

اشیا

مواد

عوالم

جواهر

افلاک

طبایع

مجاری

شؤون

اشکال

اسما

صفات

اجسام

امثال

۱۳. با هریک از عبارات زیر یک جمله بنویسید.

خودخوری

به شکرانه

تلخیص شده

بافت اجتماعی

فرقه مذهبی

ظلم وستم

تبعیض نژادی

به ستوه آمدن

مردم سالاری

توافق جامع

محافل سیاسی

محافل علمی و دانشگاهی

مدرک کارشناسی

برقراری آرامش

تجربه های شخصی

تأسف خوردن

تحمیل کردن

به رغم

شرایط ایجاب کردن

به لحاظ

پایبند بودن

اعتصاب عمومی

سلسله مراتب

یکدست سازی

القا کردن

الهام کردن

نگاه نقادانه

به سان

۱۴. جملات زیر را با استفاده از کلمات و عبارات ربطی که در پرانتز آمده بازنویسی کنید.

ازجمله چیزهایی که درخزانه قانصوه بود و باقی ماند، یک ترجمه ترکی از شاهنامه است که مینیاتورهای ظریف نیز دارد. (همراه با)

شاه اسماعیل درجوانی دچار بیماری خودخوری شد و درگذشت، درحالیکه یک لشکر شکست خورده و یک بچه هشت ساله به اسم طهماسب پشت سرگذاشته بود که در قزوین به نام شاه طهماسب به سلطنت نشست. (پس از)

نگاهی به اسامی پادشاهان قونیه می کنم که از یک سالنامه رسمی که در زمان خلفای اسلامی چاپ شده، برداشته ام وتوضیحش را می گذارم به عهده استادانی که اهل اطلاع هستند. (بدون)

در این شهرک چند ساختمان زیبا وجود داشت، اما با وجود آنها، شهرک بیشتر به یک بیغوله می مانست. (به رغم)

این شهرک درعین اینکه نماد زندگی سیاهان بود، چالشهایی راهم دربرابر انسان قرار می داد. (باوجود)

او برای تحت تأثیرقراردادن حاضران فریاد می زند، نه برای برقراری آرامش. (تا اینکه)

هروقت به برخی نوشته ها وسخنرانی های اولیه ام مراجعه می کنم، ازسادگی و بی محتوایی، سطحی بودن وغیر اصیل بودن آنها تأسف می خورم. (به محض)

اگر از من خواسته شود که در امور مردم دخالت کنم، سعی می کنم آنها را گرد هم جمع کنم و میانشان اتحاد ایجاد نمایم. (درصورت)

درحقیقت می خواست رفتار و نظر خود را بر من تحمیل کند، اما من توجه نمی کردم و سعی می کردم میان مردم آشتی و تفاهم برقرارکنم. (باوجودیکه)

من همیشه در کش و قوس این منطق بودم که آیا درست است انسان از خانواده خود غفلت کند و به جای آن به اصلاح زندگی دیگران بپردازد وبرای ایجاد فرصت برای دیگران مبارزه کند. (این مسئله که)

فیزیک مدرن چون درموضوعات مورد مطالعه اش فقط بعد کمی را درنظر می گیرد وعنصر دیگری را درآنها به رسمیت نمی شناسد، نمی تواند این مرتبه از شناخت را در مراتب دیگر تلفیق کند و در حقیقت دیدگاهش به نوعی ظاهرگرایی محدود می شود. (به دلیل)

اگرچه به ظاهر همه این طرح برروی یک قطعه ماده، ومعمولاً برروی شن، ساخته می شود، ولی رمز و رازهای بسیاری برای کسانی که اهلیت درک دارند، درآن پدیدار است. (باوجود)

تا آنجا که به حیات معنوی ما مربوط است، ما در این عالم برروی زمین قرارگرفته ایم تا نه از روزن میکروسکوپ و تلسکوپ، که از روزن دل یا عقل شهودی در آن بنگریم. (بلکه)

درس ۸

در گروه های دو یا سه نفره به پرسش های زیر پاسخ دهید.

۱. نام و تاریخ انتشار این روزنامه چیست و چه اطلاعات جانبی دیگری در حاشیه صفحه آمده است؟

۲. این صفحه روزنامه شامل چه بخش هایی است؟

۳. عنوان های خبری را در این صفحه مشخص کنید و به طور خلاصه بگویید هر یک راجع به چیست.

۴. کدام یک از چهره های سینمایی را که در بالای این صفحه آمده، می شناسید و در مورد آنها چه می دانید؟

۵. در مورد نقش زن در سینما در این صفحه چه مطالبی آمده است؟

۶. زبانی که در مقاله زخم نژادپرستی بر پیکر سینما به کار برده شده است، حاکی از ایدئولوژی نویسنده آن است. این ایدئولوژی را توضیح دهید.

۷. معنی اصطلاحات زیر را توضیح دهید.

۱. جملاتی که میان آنان رد و بدل می شود

۲. او از هر گونه ترفندی برای معرفی کالای مدنظر استفاده می کند.

۳. بعضاً برنامه های نامربوط با روح اسلامی و انقلابی در رسانه ملی هویداست.

۴. با شعارهای پرطمطراق

۵. دروغ گفتن و تدلیس از ذمائم اخلاقی هستند.

۸. عناوین خبری زیر شامل چه اطلاعات پیشینه ای هستند؟

۱. از بهشت تبلیغات غربی تا جهنم مصرف گرایی
۲. زن و سینما؛ مرز میان آرمان و واقعیت
۳. زنان؛ قربانیان بازار آزاد درسینما

۹. مقاله عبور از هزارتوی معمای گناهکاران نقدی است بر تازه ترین فیلم فرامرز قریبیان. یک فیلم را انتخاب کنید و آنرا مانند این مقاله نقد کنید. سعی کنید از اصطلاحاتی که در این مقاله به کار برده شده است، استفاده کنید.

۱۰. یکی از عناوین خبری این صفحه را انتخاب کنید و در مورد آن یک خبر بنویسید. سپس آنرا در گروهتان مطرح کنید.

۱۱. برای هریک از کلمات زیر توضیح مناسبی بنویسید.

هنر هفتم: هنری که ________________.
تبلیغات چی: کسی که ________________.
شوربخت: کسی که ________________.
بانیان: کسانی که ________________.
بی عرضه: کسی که ________________.
سردسته: کسی که ________________.
فیلم های آخرالزمانی: فیلم هایی که ________________.
شعبده باز: کسی که ________________.
جایزه: چیزی که ________________.
اشاره: صنعت ادبی ای که ________________.
استعاره: صنعت ادبی ای که ________________.
تشبیه: صنعت ادبی ای که ________________.
ایهام: صنعت ادبی ای که ________________.
کارآگاه: کسی که ________________.
ابرشهر: شهری که ________________.

۱۲. مفرد کلمات زیر را بنویسید.

بانیان

اسلحه

حوادث

افراد

صنایع

افکار

اعراب

جنایات

جوایز

حواس

مصادیق

ابعاد

معایب

مبانی

مواقع

سلایق

مقولات

ضمایر

جزئیات

تصاویر

متون

مخارج

اشباح

ادوار

نسخ

۱۳. با هریک از عبارات زیر یک جمله بنویسید.

در رنج بودن

به طور اخص

نشو ونما یافتن

فیلم های آخرالزمانی

قابل مقایسه

افکارعمومی

به نحوغم انگیزی

اعم از

اقتباس شدن

گرته برداری

ازهمین رو

دامن زدن به

به طور ناخودآگاه

حائزاهمیت

ازمنظر

منجرشدن

اشاره

استعاره

تشبیه

ایهام

جزئیات

ابهام

به طرز قابل توجهی

تبعیض آمیز

۱۴. جملات زیر را با استفاده از کلمات و عبارات ربطی که در پرانتز آمده بازنویسی کنید.

نلسون ماندلا، قهرمان مبارزات ضد نژادپرستی درحالی از این دنیا رفت که جهان همچنان از نژادپرستی در رنج است. (وقتی)

جای تردیدی نیست که سینما می تواند درخدمت اهداف بشردوستانه باشد. (بی شک)

وجه غالب سینمای غرب مسیری برخلاف راه ماندلا را طی کرده و به جای انسان ها وانسانیت، تبلیغات چی جریان های ضد بشری بوده است. (نه تنها .... بلکه ....)

سینما هنر تصویر وتفصیل است و نه چون شعر هنر اجمال. (بلکه)

در هنر اجمال ما با اشاره و استعاره و تشبیه و ایهام و دیگر صنایع ادبی اش رو به روییم و در هنر تفصیل با تصویر و تصور و بیان موشکافانه و روایت با جزئیات و فضاسازی. (حال آنکه)

اینکه چرا چنین ژانری درسینمای ایران به فراموشی سپرده شده حکایت مفصلی است که از روند غیرطبیعی رشد و نمو این سینما گرفته تا سیاست گذاری های مدیران تا رویکرد جشنواره ها و تا عوض شدن خلقیات تماشاگر ایرانی و مخارج چنین فیلمهایی و هزار و یک چیز دیگر درآن مدخلیت دارد. (ازقبیل)

بعضاً سکته آهنگ روایت، دربرخی مواقع، خاصه برای مخاطب جدی حرفه ای، حس شدنی است اما ذوق کشنده هم نیست و به هر حال قابل تحمل است. (اگرچه)

جملاتی که میان داوران و شرکت کنندگان رد و بدل می شود، هیچ سنخیتی با فرهنگ ما و ضوابط صدا و سیما ندارد، با وجود این خیلی راحت در تبلیغ محصولی ایرانی از آن اقتباس می شود. (علی رغم)

این روزها خبرها حاکی از کمبود بودجه صدا و سیما است، ازهمین رو رسانه ملی دریک حجم وسیعی اقدام به پخش آگهی های تجاری می نماید. (به علت)

این موفقیت های استثنائی در عرصه کارگردانی نمی تواند دنیا را تغییر دهد، چرا که نگرش تبعیض آمیز جنسی و سنی همچنان به شکل عمیقی در سطح جامعه وجود دارد. (به دلیل)

درس ۹

در گروه های دو یا سه نفره به پرسش های زیر پاسخ دهید.

۱. نام و تاریخ انتشار این روزنامه چیست و چه اطلاعات جانبی دیگری در حاشیه صفحه آمده است؟

۲. این صفحه روزنامه شامل چه بخش هایی است؟

۳. عنوان های خبری را در این صفحه مشخص کنید و به طور خلاصه بگویید هر یک راجع به چیست.

۴. قطعه «مادرم ایران» را چه کسی نوشته است؟ در مورد وی چه می دانید؟ قراراست کدام خواننده آنرا اجرا کند؟

۵. دراین صفحه، از یک بازیگر زن و یک فیلمساز زن سخن به میان آورده می شود. آنها که هستند و رمز موفقیتشان درچیست؟

۶. در این صفحه، دو نوع جایزه مطرح می شود. نام آنها چیست و به چه آثاری داده می شوند؟

۷. معنی اصطلاحات زیر را توضیح دهید.

   ۱. چند صباحی است که تب آکادمی به تلویزیون سرایت کرده.
   ۲. خاطرات بسیاری برایم زنده شد.
   ۳. خیلی دلخورشدم.
   ۴. همه کارهایم در راستای بهبود شرایط این هنراست.
   ۵. رژیم وقت برای این کار عذرش را برای ادامه حضور در این کشور خواست.

۸. مقاله فیلمسازی با مشت های بسته تحلیل نشریه و روایتی است برفیلم هیس دخترها فریاد نمی زنند. یک فیلم را انتخاب کنید و آنرا تحلیل کنید. سعی کنید از اصطلاحاتی که دراین مقاله به کاربرده شده است، استفاده کنید.

۹. یکی از عناوین خبری این صفحه را انتخاب کنید و در مورد آن یک خبر بنویسید. سپس آنرا در گروهتان مطرح کنید.

۱۰. برای هریک از کلمات زیر توضیح مناسبی بنویسید.

مداحی: آوازی که _____ .

بدل: چیزی یا کسی که _____ .

زبان های بومی: زبان هایی که _____ .

معدنچی: کسی که _____ .

تابو: چیزی که _____ .

رنگین پوست: کسانی که _____ .

بیوه: زنی که _____ .

ارث ومیراث: چیزهایی که _____ .

۱۱. مفرد کلمات زیررا بنویسید.

نوگلان

اوقات

معادن

مضامین

نوازندگان

جوایز

اشکالات

خاطرات

اهداف

اخبار

عناوین
تکالیف
مخاطبان
مطالب
جرایم
قوانین
موارد

۱۲. با هریک از عبارات زیر یک جمله بنویسید.

سرایت کردن
ترک تازی
جنجالی
رژیم وقت
زبان های بومی
مضامین
فرهنگ غنی
ارث ومیراث
محدودیت های اجتماعی
شرافت خانواده
ناکام ماندن
مجاز بودن
تمدید شدن
نامزد اسکار
بازسازی
رنگین پوست

۱۳. جملات زیر را با استفاده از کلمات و عبارات ربطی که در پرانتز آمده بازنویسی کنید.

چند صباحی است تب آکادمی به تلویزیون سرایت کرده، بی آنکه خروجی عینی و قابل مشاهده ای دیده شود. (درصورتیکه)

طی چند سال گذشته سیاست های غلط تلویزیون و ترک تازی برنامه های مختلف تفریحی سرگرمی در شبکه های ماهواره ای، دست به دست هم داد تا عملاً درصد زیادی از مخاطبان سیما ریزش کند. (درپی)

وقتی به آفریقای جنوبی رفتم، خیلی زود رابطه ام با ارکستر خوب شد وهرچند ماه یکبار به عنوان رهبر میهمان به ژوهانسبورگ دعوت می شدم. (به محض)

من کارم رهبری است و وقت چندانی ندارم، اما اگر کار جدی باشد، بسیار دوست دارم که همکاری کنم. (درصورت)

آنها به شکل دیگری سوگواری می کنند یا اعتراضشان را نشان می دهند، به همین دلیل وقتی هم که قطعه را می خواندند، اجازه داشتند که گاهی خودشان را حرکت دهند و برقصند. (چون)

همه آنها آماتور بودند و تا آن زمان با ارکستر سمفونیک نخوانده بودند اما آنها درشهرک یا حتی در روستاهایشان گروههای کر و معلم های موسیقی داشتند. (باوجودیکه)

اگرچه هیچ کاغذ یا نوشته ای رفتن سیاهان را به سالن های موسیقی یا تئاتر ممنوع نمی کرد، اما عملاً اوضاع آنقدر بد بود که تقریباً هیچ سیاهپوستی جرأت این کار را نداشت. (با وجود)

درس ۱۰

در گروه های دو یا سه نفره به پرسش های زیر پاسخ دهید.

۱. نام و تاریخ انتشار این روزنامه چیست و چه اطلاعات جانبی دیگری در حاشیه صفحه آمده است؟

۲. این صفحه روزنامه شامل چه بخش هایی است؟

۳. عنوان های خبری را در این صفحه مشخص کنید و به طور خلاصه بگویید هر یک راجع به چیست.

۴. قسمت نیازمندی ها را مرور کنید و بگویید بیشتر شامل چه موضوعاتی است؟

۵. آیا عناوین اقتصادی این صفحه حاکی از بهبود اقتصاد است یا رکود آن؟

۶. با توجه به جدول آخرین تغییرات قیمت سهام در بورس تهران، از وضعیت کنونی بورس چه می دانیم؟

۷. عناوین خبری زیر شامل چه اطلاعات پیشینه ای هستند؟

۱. استقبال ازسهام بانک ها دربورس

۲. ارزش بازارسرمایه از مرز ۴۱۴ تریلیون تومان عبورکرد

۳. پذیره نویسی نخستین صندوق قابل معامله

۴. رشد ارزش معاملات بورس انرژی به ۱۰۰ میلیارد ریال

۸. یکی از عناوین خبری این صفحه را انتخاب کنید و در مورد آن یک خبر بنویسید. سپس آنرا در گروهتان مطرح کنید.

۹. برای هریک از کلمات زیر توضیح مناسبی بنویسید.

بورس: جایی که ـــ.

سهام: چیزی که ـــ.

دارایی های راکد: اموالی که ـــــــــــــــــــــــــــــــــ.

گواهی سپرده بانکی: مدرکی که ـــــــــــــــــــــــــــــ.

مقیاس: چیزی که ـــ.

حلال: ماده ای که ـــــــــــــــــــــــــــــــــــــــ.

پالایشگاه: جایی که ـــــــــــــــــــــــــــــــــــــ.

نیازمندیها: بخشی از روزنامه که ـــــــــــــــــــــــــــ.

کلنگی: خانه ای که ـــــــــــــــــــــــــــــــــــــــ.

جراحی پلاستیک: عملی که ـــــــــــــــــــــــــــــــ.

پشم شیشه: چیزی که ـــــــــــــــــــــــــــــــــــ.

ایزوگام: چیزی که ـــــــــــــــــــــــــــــــــــــ.

پایانه: جایی که ـــــــــــــــــــــــــــــــــــــــ.

یابنده: کسی که ـــــــــــــــــــــــــــــــــــــــ.

دانش نامه: کتابی که ـــــــــــــــــــــــــــــــــــ.

۱۰. مفرد کلمات زیر را بنویسید.

سهام

مراجع

اوراق

مزایا

معایب

معاملات

اسلاف

علائم

درجات

اسناد

مدارک

وکلا

۱۱. با هریک از عبارات زیر یک جمله بنویسید.

جهش قیمت ها

رونق اقتصادی

دارایی های راکد

بورس اوراق بهادار

ریسک سرمایه گذاری

شفافیت اطلاعاتی

معافیت مالیاتی

خاطرنشان کردن

مفقود گشتن

شماره شناسنامه

از درجه اعتبارساقط شدن

بدینوسیله

به اطلاع رساندن

۱۲. جملات زیر را با استفاده از کلمات و عبارات ربطی که در پرانتز آمده بازنویسی کنید.

به طور طبیعی در شرایط رونق اقتصادی سرمایه به سمت بخش هایی هدایت می شود که در حال گردش و سودآوری هستند اما در شرایط بد اقتصادی مردم به سمت دارایی های راکد مثل ارز و سکه می روند که ارزش افزوده واقعی برای بخش تولید ندارد. (وقتی)

در معاملات دیروز همچنین نمادهای حاضر در گروه بانک ها و مؤسسات اعتباری اکثراً با افزایش قیمت روبرو شده که یکی از دلایل آن تحقق پیش بینی درآمد هر سهم و احتمال فراتر رفتن از پیش بینی ها بوده است. (زیرا)

هدف از تشکیل صندوق، جمع آوری وجوه از سرمایه گذاران و اختصاص آن ها به خرید انواع اوراق بهادار با شرایط درنظرگرفته شده به منظور کاهش ریسک سرمایه گذاری، بهره گیری از صرفه جویی های ناشی از مقیاس و تأمین منافع سرمایه گذاران است. (به این منظور که)

شفافیت اطلاعاتی، نقدشوندگی بالا، کاهش نوسان بازده صندوق، امکان سرمایه گذاری با حداقل منابع، معافیت مالیاتی و حذف دوره جریمه از صندوق از جمله سرمایه گذاری در این دست صندوق هاست. (مانند)

هربشکه از این محموله حدود ۲ میلیون ریال کشف قیمت شد و به قیمت ۹ میلیارد و ۵۰ میلیون ریال خریداری شد. (درپی)

به گزارش بورس انرژی مجموع ارزش محصولات معامله شده در دو رینگ داخلی و بین الملل بازار فیزیکی به ۴۸ میلیارد و ۲۶۲ میلیون ریال رسید. (حاکی از آن است که)

درس ۱۱

در گروه های دو یا سه نفره به پرسش های زیر پاسخ دهید.

۱. نام و تاریخ انتشار این روزنامه چیست و چه اطلاعات جانبی دیگری در حاشیه صفحه آمده است؟

۲. این صفحه روزنامه شامل چه بخش هایی است؟

۳. عنوان های خبری را در این صفحه مشخص کنید و به طور خلاصه بگویید هر یک راجع به چیست.

۴. پیام تسلیت دراین صفحه برای چه کسی و از جانب چه کسی است؟

۵. طبق خبرهای منتشره در این صفحه، لغو تحریم های اقتصادی چه تأثیراتی بر اقتصاد کشور داشته است؟

۶. آیا لغو تحریم های اقتصادی ایران بر اقتصاد کشورهای دیگر تأثیرگذاشته است؟

۷. معنی اصطلاحات زیر را توضیح دهید.

۱. فضای تجاری کشور
۲. مبنی براینکه
۳. درحوزه تجارت خارجی
۴. یکسان سازی نرخ ارز
۵. استقراض ازمردم
۶. نرخ تورم

۷. در پایان ابراز امیدواری کرد

۸. با اطلاع از زمزمه های این تصمیم

۹. به همراه سایر تدابیر اتخاذ شده

۸. عناوین خبری زیر شامل چه اطلاعات پیشینه ای هستند؟

۱. شرایط وزارت صنعت و تجارت برای آزادسازی واردات کالای لوکس

۲. دستور کوچک سازی دولت صادرشد

۳. سود میلیاردی واردکنندگان گوشی تلفن همراه ناشی ازتصمیم های نادرست

۴. احداث مسکن اجتماعی در نقاط دارای تأسیسات زیربنایی

۹. یکی از عناوین خبری این صفحه را انتخاب کنید و در مورد آن یک خبر بنویسید. سپس آنرا در گروهتان مطرح کنید.

۱۰. برای هریک از کلمات زیر توضیح مناسبی بنویسید.

لایحه: چیزی که ـــــــــــــــــــــــــــــــــ .

عضو: کسی که ـــــــــــــــــــــــــــــــــ .

یارانه: پولی که ـــــــــــــــــــــــــــــــــ .

احکام: قوانینی که ـــــــــــــــــــــــــــــــ .

انگیزه: چیزی که ـــــــــــــــــــــــــــــــــ .

مجری: کسی که ـــــــــــــــــــــــــــــــــ .

داغدار: کسی که ـــــــــــــــــــــــــــــــ .

فضای تجاری: فضایی که ـــــــــــــــــــــــــ .

دوگانه سوز: خودرویی که ـــــــــــــــــــــــ .

کلانشهر: شهری که ـــــــــــــــــــــــــــــ .

سیم کارت: کارتی که ـــــــــــــــــــــــــــ .

عوامل سودجو: کسانی که ـــــــــــــــــــــــ .

جایگزین: چیزی که ـــــــــــــــــــــــــــــ .

جانشین: کسی که ـــــــــــــــــــــــــــــــ .

سرپرست: کسی که _____.

چابک: کسی که _____.

بخشنامه: نامه ای که _____.

موانع: چیزهایی که _____.

مصمم: کسی که _____.

متقاضی: کسی که _____.

کود شیمیایی: چیزی که _____.

سم: چیزی که _____.

بذر: چیزی که _____.

نفت کش: کشتی ای که _____.

۱۱. مفرد کلمات زیر را بنویسید.

اعضا

مصارف

احکام

مخارج

وزرا

صنایع

شایعات

مبانی

تدابیر

آثار

کارخانجات

حقوق

اوراق

امور

رؤسا

اصناف

عوامل

مقاطع

تجارب

مدعوین

۱۲. با هریک از عبارات زیر یک جمله بنویسید.

همخوانی داشتن

درآمدهای متوسط

ایجاب کردن

تشریح کردن

به تصویب رسیدن

ابلاغ شدن

درخصوص

تدوین شده

سیاست عمده

درراستای

درخصوص

به منزله

ازسوی

بالغ بر

نیمه تمام

اندکی

عملی شدن

پیگیری

انعطاف پذیری

متکی بودن

گسترش بی رویه

عزم راسخ

به تأخیر افتادن

نحوه استفاده

۱۳. جملات زیر را با استفاده از کلمات و عبارات ربطی که در پرانتز آمده بازنویسی کنید.

به نظر می رسد آنچه دولت می خواهد در قالب لایحه ای برای هدفمندی ارائه کند، غیراز چارچوب هایی که قبلاً مطرح شده نیست، زیرا گزینه دیگری وجود ندارد. (به علت)

این عضو کمیسیون برنامه و بودجه مجلس با بیان اینکه منابع و مصارف هدفمندی با یکدیگر همخوانی ندارد، ادامه این روند را به صلاح ندانست. (به دلیل)

بهبود توزیع درآمد و افزایش قدرت خرید از اهداف هدفمندی بوده اما اصلاح قیمت ها برای جلوگیری از قاچاق، ایجاد درآمد برای دولت واصلاح الگوی مصرف هم از جمله این اهداف بوده اما متأسفانه غیراز پرداخت نقدی به موضوع دیگری توجه نشده است. (علاوه بر)

درحال حاضر حتی گروه های با درآمد متوسط زندگی خود را با یارانه ماهانه تنظیم کرده اند و حذف این یارانه امکان پذیر نیست. (ازآنجائیکه)

آثاری که در مورد قاچاق سوخت و اصلاح قیمت ها بعد از اجرای هدفمندی به دست آمد، با تحولاتی که در عرضه اتفاق افتاد خنثی شد. (پس از)

دیگر دولت نمی تواند بدون افزایش قیمت حامل ها، منابعش را تأمین کند. (چنانچه)

مجموعه این عوامل ایجاب می کند که دولت لایحه ای بیاورد زیرا درغیراینصورت، درمرحله اول با مشکلاتی مواجه خواهد شد. (اگر)

اجماع عمومی این است که با ادامه این روند چیز قابل توجهی به دست نمی آید. (بنابر)

ما هدفمندی را برای پول دادن دنبال نکرده ایم بلکه می خواستیم قیمت ها را اصلاح و آنها را به قیمت تمام شده نزدیک کنیم. (به منظور)

آقای وزیر معتقد است که باید فضای تجارت کشور براساس رقابت آزاد باشد وهمچنین شفافیت لازم نیز درآن وجود داشته باشد. (نه تنها .... بلکه ....)

این پیشنهاد سازمان توسعه تجارت هنوز به تصویب قطعی دولت نرسیده و تا زمانی که به تصویب نرسد، شرایط قبلی برقرار است. (مگرآنکه)

تاکنون چند بار اطلاعات تکمیلی در خصوص کالاهای اولویت دهم از ما خواسته شده اما هنوز هیچ تصمیم گیری قطعی انجام نشده است. (علی رغم)

درس ۱۲

در گروه های دو یا سه نفره به پرسش های زیر پاسخ دهید.

۱. نام و تاریخ انتشار این روزنامه چیست و چه اطلاعات جانبی دیگری در حاشیه صفحه آمده است؟

۲. این صفحه روزنامه شامل چه بخش هایی است؟

۳. عنوان های خبری را در این صفحه مشخص کنید و به طور خلاصه بگویید هر یک راجع به چیست.

۴. قیمت کدام ارزها در این صفحه داده شده است؟

۵. آیا مقالات این صفحه نگاه خوش بینانه ای به اقتصاد کشور دارند یا خیر؟

۶. در این صفحه به کدام موازنه نابرابری اشاره می شود؟ چرا این موازنه نابرابر قلمداد می شود؟

۷. معنی اصطلاحات زیر را توضیح دهید.

۱. فضایی برای سوء استفاده مهیا نخواهد شد.
۲. تمام برنامه ریزی ها و دورنماها را می تواند تحت الشعاع قراردهد.
۳. این به آن معنی است.
۴. ازطرف خیل عظیم کارمندان مورد توجه قرار می گیرد.
۵. شاهد نخواندن دخل و خرج خواهیم بود.
۶. یک روزه یا یک شبه محقق نخواهد شد.

۸. عناوین خبری زیر شامل چه اطلاعات پیشینه ای هستند؟

۱. بودجه با ارز شناور بسته شد

۲. نفت واقعی شد

۳. ایست بلند پروازی

۴. تورم ۴۰ درصد؛ افزایش حقوق کارمندان ۱۸ درصد

۹. یکی از عناوین خبری این صفحه را انتخاب کنید و در مورد آن یک خبر بنویسید. سپس آنرا در گروهتان مطرح کنید.

۱۰. برای هریک از کلمات زیر توضیح مناسبی بنویسید.

تحلیلگران: کسانی که _____.

نشست خبری: کنفرانسی که _____.

نوسانات ارز: تغییراتی که _____.

عوارض گمرکی: پولی که _____.

سازمان متولی امرمالیات: سازمانی که _____.

حوزه انتخابی: جایی که _____.

مابقی: آنچه که _____.

ناظر: کسی که _____.

پاداش: چیزی که _____.

صرافی: جایی که _____.

۱۱. مفرد کلمات زیر را بنویسید.

اثرات

مطالبات

ضرایب

ارکان

تجارب

اقلام

منابع

خدمات

اقشار

ضوابط

۱۲. با هریک از عبارات زیر یک جمله بنویسید.

سال آتی

اذعان کردن

مجدداً

خالی ازاشکال بودن

دور از تحقق بودن

تحت الشعاع قراردادن

متناقض

به نقل از

با اشاره به

درعین حال

به اتمام رسیدن

غیرقابل محسوس

مورد اعتراض قرارگرفتن

نخواندن دخل وخرج

قدرت خرید

بالاخص

خوشبینانه

به مراتب

غیرواقع بینانه

برخلاف

به طورهمزمان

۱۳. جملات زیر را با استفاده از کلمات و عبارات ربطی که در پرانتز آمده بازنویسی کنید.

تحلیلگران معتقدند احتمالاً دولت درنظر دارد نرخ دلار در بازار آزاد را به نرخ تعیین شده در بودجه نزدیک کند. (طبق)

در دولت یازدهم عملاً ثبات نرخ اتفاق افتاده است و رئیس جمهور توانسته به تعهداتش که آرامش در بازار بوده عمل کند. (نه تنها .... بلکه ....)

اگرچه افزایش نرخ ارز یا دو نرخی بودن ارز تبعاتی در بازار دارد اما اثرات مخرب نوسانات نرخ بسیار بیشتر خواهد بود. (باوجود)

این به معنی کسری بودجه نیست چرا که این کسری از طریق فروش دارایی ها و درآمد نفت قابل جبران است. (از آنجائیکه)

با تشکیل کمیته ای در بانک مرکزی و دعوت بانک ها به این کمیته، روند وصول مطالبات سرعت بیشتری خواهد گرفت. (اگر)

با توجه به میانگین خوانوار که چهار نفر است، حدود هشت میلیون نفر به صورت مستقیم تحت نظر این افزایش قرار می گیرند. (ازآنجائیکه)

درصورت افزایش نیافتن متناسب حقوق آنان با نرخ تورم، کیفیت زندگی این قشر تلاشگر، آسیب های جدی خواهد دید. (اگر)

با توجه به امید کارمندان دولت به اصلاح سیاست های اقتصادی، باید شاهد افزایش بیشتر حقوق کارمندان در دولت می بودیم که برخلاف این موضوع، شاهد کاهش هشت درصدی این رقم نسبت به امسال هم بودیم. (چنانچه)

کاهش وابستگی به درآمدهای نفتی، فرآیندی نیست که یک شبه قابل وصول باشد، چراکه اجرای این کار در خوشبینانه ترین حالت به هفت سال زمان نیاز دارد. (نه تنها .... بلکه ....)

در هشت سال گذشته پول نفت را تبدیل به ریال کردیم و باعث ایجاد تورم رکودی در کشور شدیم، اما در شرایط فعلی، اولین قدم باید کاهش شدت افزایش وابستگی بودجه جاری به نفت باشد. (علی رغم)

درس ۱۳

در گروه های دو یا سه نفره به پرسش های زیر پاسخ دهید.

۱. نام و تاریخ انتشار این روزنامه چیست و چه اطلاعات جانبی دیگری در حاشیه صفحه آمده است؟

۲. این صفحه روزنامه شامل چه بخش هایی است؟

۳. عنوان های خبری را در این صفحه مشخص کنید و به طور خلاصه بگویید هر یک راجع به چیست.

۴. خبرهای منتشرشده دراین صفحه مربوط به کدام شهرستان ها است؟

۵. اخبار منتشره دراین صفحه بیشتر پیرامون چه موضوعاتی می گردد؟

۶. در مقاله مشکلات سیستان و بلوچستان برطرف می شود، از کدام مشکلات سخن به میان می آید؟

۷. عناوین خبری زیر شامل چه اطلاعات پیشینه ای هستند؟

۱. کاهش ۳۰ درصدی صادرات پسته کرمان

۲. آغاز به کار هیأت منصفه جدید مطبوعات در کرمانشاه

۳. عیادت مسؤلان لاهیجان ازخبرنگار قدیمی روزنامه اطلاعات

۴. کاهش مرگ مادران باردار در گلستان

۵. آمادگی دستگاه های اجرایی دیواندره برای بازنگه داشتن راهها در زمستان

۸. یکی از عناوین خبری این صفحه را انتخاب کنید و در مورد آن یک خبر بنویسید. سپس آنرا در گروهتان مطرح کنید.

۹. برای هریک از کلمات زیر توضیح مناسبی بنویسید.

رئیس: کسی که _____ .

امن: جایی که _____ .

آتش نشانی: جایی که _____ .

پایگاه: جایی که _____ .

اصحاب: کسانی که _____ .

دفاع مقدس: جنگی که _____ .

پادگان: جایی که _____ .

فرماندار: کسی که _____ .

سرلوحه: چیزی که _____ .

زیستگاه: جایی که _____ .

نایب: کسی که _____ .

آلاینده: چیزی که _____ .

میهمان ناخوانده: کسی که _____ .

مراکز معاینه فنی خودروها: جاهایی که _____ .

صعب العبور: جایی که _____ .

۱۰. مفرد کلمات زیر را بنویسید.

رؤسا

مراکز

مصدومان

وظایف

احکام

اقدامات

اراضی

مزارع

آراء

مباحث

تذکرات

فواصل

آلات

حقوق

ادیان

مکاتب

واژگان

ابعاد

قضات

اوقاف

بقاع

نقاط

اقوال

خیرین

مقولات

احوال

کرامات

اصحاب

۱۱. با هریک از عبارات زیر یک جمله بنویسید.

زیرپوشش قراردادن

زیرنظر

اعزام شدن

بدرقه کردن

اشاعه

ارتقا

پیشگیری

سرلوحه

بایدها ونبایدها

درعرصه

قاطعانه

خدشه ناپذیر

تأثیرگذار

معضل

خطاب به

زیر ذره بین قراردادن

نادیده گرفتن

توافق کردن

فرصت شغلی

حوادث غیرمترقبه

نقطه عطف

دراین راستا

۱۲. جملات زیر را با استفاده از کلمات و عبارات ربطی که در پرانتز آمده بازنویسی کنید.

به گفته وی در دانشگاه های استان قزوین ۱۰ کانون بسیج اساتید فعال است. (طبق)

بسیج اساتید تلاش دارد تا با برگزاری چنین جلساتی گام بلندی در جهت رفع مشکلات فرهنگی در دانشگاه ها بردارد. (هدف از)

فرمانده سپاه پاسداران محمودآباد هدف از ایجاد پایگاه بسیج رسانه را برقراری تعامل سازنده بین اصحاب رسانه و خبرنگاران محمودآباد با سایر بسیجیان و سپاه دانست. (تا)

دانش آموزان دختر نایین بعد از استقرار در پادگان حمیدیه از مناطق عملیاتی درخرمشهر دیدن می کنند. (سپس)

تشخیص اولیه، شناخت علائم، نحوه درمان و پیشگیری بیماری دیابت از مواردی است که مراجعه کنندگان نسبت به آن آگاهی پیدا می کنند. (مانند)

اگر اخلاق در کنار قانون درنظر گرفته نشود، تحمل قانون بسیار سخت خواهد بود. (مگرآنکه)

جهان غرب فقط به بعد ظاهری و مادی انسان توجه دارد، اما در ادیان الهی، تمام واژگان با توجه به ابعاد عقلانی، حیاتی، عرفانی و انسانی تعریف می شود. (درحالیکه)

کارکنان سازمان تبلیغات اسلامی برای ارتقای فرهنگ دینی تلاش می کند. (تا)

نظام در اهداف خود جدی است و در صورت به خطر افتادن ارزش های اسلامی و مردمی با هر کسی در هر موقعیت قاطعانه برخورد می کند. (اگر)

خداوند در قرآن مجید رهنمودهایی برای زندگی بشریت ارائه داده که عمل به آنها سعادت بشریت و دوری از سقوط تمدن ها را در پی داشته است. (درصورت)

درس ۱۴

در گروه های دو یا سه نفره به پرسش های زیر پاسخ دهید.

۱. نام و تاریخ انتشار این روزنامه چیست و چه اطلاعات جانبی دیگری در حاشیه صفحه آمده است؟

۲. این صفحه روزنامه شامل چه بخش هایی است؟

۳. عنوان های خبری را در این صفحه مشخص کنید و به طور خلاصه بگویید هر یک راجع به چیست.

۴. بیشتر حوادث داخل کشور پیرامون چه مسائلی هستند؟

۵. حوادث خارج از کشور چه مسائلی را دربرمی گیرند؟

۶. رادیو معارف چه موضوعاتی را پوشش می دهد؟

۷. معنی اصطلاحات زیر را توضیح دهید.

۱. تردد انواع وسایل نقلیه
۲. بدون درنظرگرفتن هیچ گونه اغماضی
۳. درهمان بدو تولید
۴. درصورت تصادفات فوتی و جرحی
۵. تنها به اعمال قانون بسنده می کنیم
۶. پاسخگوی درراه ماندگان و حادثه دیدگان است
۷. تخطی ازسرعت مطمئنه

۸. اخذ برگه معاینه فنی خودرو

۹. کشف آنها به صورت بلاصاحب و اوراقی

۸. عناوین خبری زیر شامل چه اطلاعات پیشینه ای هستند؟

۱. آغاز طرح زمستانه ۹۲ در ۱۱۰ گردنه برفگیر

۲. باند سارقان پراید متلاشی شد

۳. کم کاری نهادهای حمایتی درباره خانواده های معتاد

۴. اهدای اعضای بدن کودک شش ساله قائمشهری به ۵ بیمار

۹. یکی از عناوین خبری این صفحه را انتخاب کنید و در مورد آن یک خبر بنویسید. سپس آنرا در گروهتان مطرح کنید.

۱۰. برای هریک از کلمات زیر توضیح مناسبی بنویسید.

غدد ترشحی: غددی که ــ.

مرموز: چیزی که ــ.

زجرآور: چیزی که ــ.

گردنه: جایی که ــ.

ابلاغیه: نوشته ای که ــ.

سارقان: کسانی که ــ.

نام مستعار: اسمی که ــ.

همدستان: کسانی که ــ.

خط ویژه: جایی که ــ.

سابقه دار: کسی که ــ.

۱۱. مفرد کلمات زیر را بنویسید.

غدد

جواهر

مواد

اصول

حوادث

سوانح

سارقان

اجساد

حدود

حرکات

مکارم

طوایف

بیانات

۱۲. با هریک از عبارات زیر یک جمله بنویسید.

اختلال

به تناوب

موکول شدن

اظهارتمایل

رعایت اصول ایمنی

تشریح جزئیات

شناسایی کردن

به اتفاق

به طرز مشکوکی

تذکر کتبی

استناد به

کلاهبرداری

۱۳. جملات زیر را با استفاده از کلمات و عبارات ربطی که در پرانتز آمده بازنویسی کنید.

بارش شدید برف و سرمای شدید در استانبول ترکیه دیروز باعث لغو دهها پرواز داخلی در میدان هوایی بین المللی این شهر شد. (لذا)

بارش شدید برف همچنین موجب اختلال در سفرهای شرکت کشتیرانی ترکیه در استانبول شد و دهها سفر دریایی داخلی نیز لغو گردید. (نه تنها .... بلکه ....)

شورای اسلامی شهر رودهن به دلیل بروز برخی تخلفات از تداوم اجرای عملیات در محل این حادثه جلوگیری به عمل آورده بود. (به این دلیل که)

به دلیل ریزش کوه که بارندگی های روزهای اخیر سبب آن شد، این پنج نفر جان خود را از دست دادند. (چون)

دربخش هایی از تجهیزات مورد نیاز توسعه مترو، همچنان نیاز به انتقال تکنولوژی است و از این جهت از تداوم و توسعه همکاری استقبال می کنیم. (زیرا)

رئیس پلیس راهنمایی و رانندگی ناجا از مردم خواست تا نکات ایمنی همچون کنترل ترمز، چراغ های روشنایی، برف پاک کن وغیره را رعایت کرده و نسبت به اخذ برگه معاینه فنی خودروهایشان نیز اقدام کنند. (طبق)

باید روش های ارتباطی با این خانواده ها شناسایی و سپس آنها را در امور پیشگیری، درمان و بهبودی ترغیب کرد. (پس از)

اگر بر روی نهاد خانواده تمرکز شود، یقیناً تأثیر روش ها و برنامه های پیشگیرانه در این نهاد موفق تر خواهد بود. (درصورت)

اعتیاد مرزهای تحصیل، فرهنگ و دین را درنوردیده و هیچ کس نمی تواند مدعی شود که اعتیاد، تنها مختص یک گروه یا طبقه خاص از جامعه است. (به دلیل)

درس ۱۵

در گروه های دو یا سه نفره به پرسش های زیر پاسخ دهید.

۱. نام و تاریخ انتشار این روزنامه چیست و چه اطلاعات جانبی دیگری در حاشیه صفحه آمده است؟

۲. این صفحه روزنامه شامل چه بخش هایی است؟

۳. عنوان های خبری را در این صفحه مشخص کنید و به طور خلاصه بگویید هر یک راجع به چیست.

۴. محک مخفف چه کلماتی است؟ تصویر آگهی محک بر چه چیزی دلالت می کند؟

۵. منظور از زنده گیری سگ های ولگرد چیست؟

۶. منظور از واکسیناسیون فرهنگی چیست؟

۷. معنی اصطلاحات زیر را توضیح دهید.

   ۱. ازخط قرمز عبور کرده است
   ۲. تحمیل استحاله های فرهنگی
   ۳. تنها به همین جا ختم نمی شود
   ۴. با اکثریت مطلق آرای اعضای شورا
   ۵. به چالش کشیدن سلطه نظام مرد سالاری
   ۶. کمبودهایی که خودم با آنها دست و پنجه نرم کردم
   ۷. محرومیت های اینجا بسیار آزاردهنده است
   ۸. عنصرمفقوده درتمام عرصه های مدیریت شهری

۹. روح تازه ای در کالبد این شهرتاریخی دمیدند

۱۰. آنچه در فوق اشاره شد

۸. عناوین خبری زیر شامل چه اطلاعات پیشینه ای هستند؟

۱. امضای توافقنامه ایران وجمهوری آذربایجان در ثبت چوگان

۲. طلسم مدیریت زنان را شکستم

۳. در فیس بوک هم می توان ارشاد کرد

۹. یکی از عناوین خبری این صفحه را انتخاب کنید و در مورد آن یک خبر
بنویسید. سپس آنرا در گروهتان مطرح کنید.

۱۰. برای هریک از کلمات زیر توضیح مناسبی بنویسید.

طلسم: چیزی که ـــ

عقیده شخصی: نظری که ـــ.

بی سابقه: چیزی که ـــ.

پرهیاهو: جایی که ـــ.

افسرده: کسی که ـــ.

نخبگان: کسانی که ـــ.

عنصرمفقوده: آنچه که ـــ.

ارباب رجوع ها: کسانی که ـــــــــــــــــــــــــــــــــــــــ.

دستفروش: کسی که ـــ.

چوگان: بازی ای که ـــ.

خاستگاه: جایی که ـــ.

۱۱. مفرد کلمات زیر را بنویسید.

سنین

عقاید

توابع

مصادیق

قوانین

درس ۱۵

آرا

معابر

عناصر

روحانیون

اجداد

اوقات

اقشار

عوامل

رؤسا

علل

۱۲. با هریک از عبارات زیر یک جمله بنویسید.

تهاجم فرهنگی

تحمیل کردن

یکه تازبودن

اکثریت مطلق آرا

به چالش کشیدن

دست وپنجه نرم کردن

احقاق حقوق

اصرارداشتن

درانزوا قرارگرفتن

اوقات فراغت

قشرآسیب پذیر

به لحاظ

به رسمیت شناختن

مدارا پیشه کردن

درگیر بودن

درخصوص

۱۳. جملات زیر را با استفاده از کلمات و عبارات ربطی که در پرانتز آمده بازنویسی کنید.

فیس بوک شبکه اجتماعی محسوب می شود که می توان درآن، ارتباط مفیدی برقرار کرد اما در عین حال دامها و زیان های زیادی را نیز دارد. (باوجود)

او توانست با اکثریت مطلق آرای اعضای شورای شهر، این سمت را از آن خود کند. (چون)

سختی پیدا کردن شغل و درآمد و ساماندهی زندگی به لحاظ اقتصادی موجب شده است تا افراد یا به داشتن فرزند فکر نکنند و اگر هم فکر کردند مدیریت آن برایشان سخت شود. (از آنجائیکه)

ازدواج در جامعه شهری ایرانی معاصر به لحاظ فرم و صورت، سنتی است و به لحاظ محتوا، مدرن است. (علی رغم)

برای نهایی کردن بحث لازم است به چند نکته اشاره شود. (تا)

به جای برخورد و نادیده گرفتن این پدیده باید آن را به رسمیت شناخت و به مدارای آن اقدام کرد. (بلکه)

پس از اینکه ما شهرنشین شدیم، زنان و دختران به مرور زمان از صحنه امور اجتماعی حذف و خانه نشین شدند. (پس از)

آنها با انتخاب شورایی متفاوت، روح تازه ای در کالبد این شهر تاریخی دمیدند. (لذا)

از آنجائیکه زنان قشر آسیب پذیر جامعه هستند و بخش اشتغال زنان تاکنون نادیده گرفته شده است، می خواهم که شرایط مناسب کاری را برای آنها فراهم کنم. (بنا به دلایل)

درس ۱۶

در گروه های دو یا سه نفره به پرسش های زیر پاسخ دهید.

۱. نام و تاریخ انتشار این روزنامه چیست و چه اطلاعات جانبی دیگری در حاشیه این دوصفحه آمده است؟

۲. این صفحات روزنامه شامل چه بخش هایی است؟

۳. عنوان های خبری را درصفحه اول مشخص کنید و به طور خلاصه بگویید هر یک راجع به چیست.

۴. سریع القلم چگونه از صنف دانشگاهی دفاع می کند؟

۵. درصفحه نخست چه نوع آگهی هایی وجود دارد؟

۶. در بخش کتابخانه، کدام کتابها معرفی شده اند؟ به طورخلاصه بگویید هریک راجع به چیست؟

۷. عناوین خبری زیر شامل چه اطلاعات پیشینه ای هستند؟

    ۱. تعلیق تحریم بیشتر
    ۲. فلسفیدن شغل نیست
    ۳. ماری جوانا در اروگوئه آزاد شد
    ۴. مخالفت با اعدام، مخالفت با حکم اسلام است
    ۵. پوپولیسم مردم را راضی و منابع را تلف می کند

۸. یکی از عناوین خبری این دوصفحه را انتخاب کنید و درمورد آن یک خبر بنویسید. سپس آنرا در گروهتان مطرح کنید.

۹.   برای هریک از کلمات زیر توضیح مناسبی بنویسید.

جنجال: چیزی که _____.

میراث دار: کسی که _____.

آیین نامه: چیزی که _____.

مصوبات: قوانینی که _____.

دگرگونی بنیادین: تغییری که _____.

منزوی: کسی که _____.

عواقب: چیزهایی که _____.

وارونه: چیزی که _____.

مراسم یاد بود: مراسمی که _____.

متدین: کسی که _____.

۱۰. مفرد کلمات زیررا بنویسید.

مبالغ

علایق

اقشار

وظایف

کشفیات

مصوبات

عواقب

ضمایم

روابط

خصایل

مواضع

اقشار

سوابق

اعصار

اهرام

علوم

وجوه

ابعاد

مصایب

انحاء

تعاریف

مکاتب

نسخ

صدمات

فجایع

صفحات

نظریات

مدارک

ضربات

۱۱. با هریک از عبارات زیر یک جمله بنویسید.

عصای جادویی

با احتساب

حین انجام وظیفه

عزم جزم کردن

صاحب نفوذ

مورد گلایه قراردادن

قابل قیاس

درموعد مقرر

تعیین کننده

عزل و نصب

پوشش رسانه ای

به واسطه

به مثابه

علوم انسانی

در لا به لای

تفاوت قایل شدن

احترام قایل شدن

خود انتقادی

سوء تفاهم

پرفرازونشیب

ازاین حیث

انس گرفتن

۱۲. جملات زیر را با استفاده از کلمات و عبارات ربطی که در پرانتز آمده بازنویسی کنید.

وزیر خارجه روسیه در رأس یک هیأت بلندپایه سیاسی برای دیدار و گفت و گو با مقامهای ایران سه شنبه شب وارد تهران شد. (تا)

دولت های گوناگون به ویژه اگر واقع بین باشند و از توده گرایی اجتناب کنند درتنظیم بودجه سالانه اول به دخل نگاه می کنند و بعد خرج می تراشند. (درصورت)

دولت یازدهم اگرچه در بخش هایی از این رویکرد دور شده است اما تلاش کرده به جای اینکه با اشتهای کامل به فکر خوردن و خرج کردن باشد هزینه هایش را با درآمدهایش توان سازد. (با وجود)

پس از حضور شکوهمند مردمی در انتخابات ریاست جمهوری و رأی به دگرگونی بنیادین درعرصه دولت بی تردید همه منتظر تحولاتی اساسی در رویکرد رئیس جمهور منتخب وگروه همراهش بودند. (پس از آنکه)

در این رابطه دولت باید علاوه بر تغییر لحن و گاه موضوعاتی که پیش تر جز خسارت به بار نمی آورد، نحوه و سطح ارتباطات خود را تغییر می داد. (نه تنها .... بلکه)

حال دولت احساس می کند برای بهبود وضعیت مردم و بازگرداندن تصویر واقعی نظام جمهوری اسلامی نیاز به ارتباط مستقیم با کشورهای جهان دارد. (تا)

به تعبیر دقیق تر گویی باید جامعه هشت سال پوپولیسم و شیوه های آن در سیاست ورزی و اداره اقتصاد و مدیریت جامعه را تجربه می کرد تا می فهمید که چه معنا و مفهومی دارد وسیاست پوپولیستی چه تأثیری در زندگی روزمره اش خواهد گذاشت. (برای)

دکتر سریع القلم که در آثارش می کوشد فرهنگ سیاسی ایرانیان را بازنمایی و مورد واکاوی قرار دهد، انتخاب وجه پوپولیسم ستیزی در شخصیت امام موسی صدر را مرتبط با لایه مسلط در اندیشه و عمل ایرانی خواند. (از طریق)

سیاستمدار پوپولیست مردم را در یک فضای محدود مکانی و زمانی و فلسفی محصور می کند تا بتواند اهداف خود و گروه مورد علاقه اش را پیش ببرد. (به منظور)

مسأله اصلی شخص محوری است که ناشی از انعکاس تاریخ استبدادی و شاهنشاهی در روحیه ایرانیان است و ریشه خلقی و شخصیتی دارد. (به دلیل)

حمله مغول به ایران یکی از دهشتناک ترین و مخرب ترین صدمات را به تاریخ ایران وارد کرد ولی ابعاد گوناگون این ویرانی همچنان ناشناخته مانده است. (علی رغم)

این اثر با آنکه شمار صفحات آن اندک است، اما از نظر محتوایی مباحثی بسیار سنگین ونظری را برای علاقه مندان به رویکردهای باستان شناختی ادیان و آیین ها و نظام های اعتقادی و ارزشی می گشاید. (با وجود)

درس ۱۷

در گروه های دو یا سه نفره به پرسش های زیر پاسخ دهید.

۱. نام و تاریخ انتشار این روزنامه چیست و چه اطلاعات جانبی دیگری در حاشیه این دوصفحه آمده است؟

۲. عنوان های خبری را درصفحه اول مشخص کنید و به طور خلاصه بگویید هر یک راجع به چیست.

۳. منظور از مسیر زیرمداری چیست؟

۴. پیشنهاد روحانی که در دستور کار مجمع عمومی سازمان ملل قرارگرفت چیست؟

۵. اخباری که در ستون «دیگه چه خبر» آمده است، چه فرقی با بقیه خبرهای این دو صفحه دارد؟

۶. منظور از اجماع چیست؟

۷. معنی اصطلاحات زیر را توضیح دهید.

۱. به دنبال دورزدن تحریم هاست

۲. راههای تفاهم را از ابتدا می بندد

۳. درخشش برقی از آینده در دل و جانش بود

۴. کین توزان هم همواره اینجا و آنجا آتش کینه می افروخته اند

۵. با چیزی از وجود تاریخی مردمان در تعارض است

۶. اخلال درمسیر خدمات رسانی و جلوگیری ازادامه فعالیت های عمرانی مؤثر

۷. یک منبع آگاه

۸. انصراف اولیای دم

۹. توانمندی پدافند هوایی

۱۰. ضمن تهیه پیشنویس یک قطعنامه

۸. عناوین خبری زیر شامل چه اطلاعات پیشینه ای هستند؟

۱. روحانی موفقیت دانشمندان فضایی ایران را ستود

۲. دستگاه های دولتی باید ازحقوق مردم حراست کنند

۳. استقرار هیأتی ازسازمان بازرسی درتأمین اجتماعی

۴. کلید حل مشکلات اقتصادی کشور اجماع است

۵. بازتاب های تحریم جدید آمریکا

۹. یکی از عناوین خبری این دو صفحه را انتخاب کنید و در مورد آن یک خبر بنویسید. سپس آنرا در گروهتان مطرح کنید.

۱۰. برای هریک از کلمات زیر توضیح مناسبی بنویسید.

کاوشگر: کسی که _____.

محفظه: جایی که _____.

زوج های نابارور: زوج هایی که _____.

دوربین های حراست: دوربین هایی که _____.

دستورکار: آنچه که _____.

اولیای دم: کسانی که _____.

دیه: پولی که _____.

قتل شبه عمد: قتلی که _____.

شایعه: آنچه که _____.

املاک غیرمنقول: املاکی که _____.

۱۱. مفرد کلمات زیررا بنویسید.

مزایا

معایب

قضات

اولیا

وکلا

اموال

وقایع

هدایا

جرایم

وزرا

مباحث

۱۲. با هریک از عبارات زیر یک جمله بنویسید.

مزایا ومعایب

میز گرد

به مرور

مدیون بودن

به یادماندنی

جنب وجوش

به وحشت انداختن

ابطال کردن

ادای احترام

درتعارض بودن

اتهامات بی اساس

مبتنی بودن

پایبند بودن

۱۳. جملات زیر را با استفاده از کلمات و عبارات ربطی که در پرانتز آمده بازنویسی کنید.

کین توزان همواره اینجا و آنجا آتش کینه می افروخته اند اما تا زمان های جدید هرگز کین توزی عنصر تعیین کننده درنظام تاریخ و زندگی مردمان نبوده و سیاست با آن قوام نمی یافته است. (باوجود)

سیاستمدار اگر دشمن را ببخشد پیروانش بر او خرده می گیرند. (درصورت)

در پی اعمال این تحریم ها، تیم کارشناسی ایران که در وین مشغول مذاکره بود، به تهران بازگشت. (پس از آنکه)

اگر محبوبیت و عزت ماندلا در جغرافیای آفریقا و به طور کلی در جهان استعمارزده محدود می ماند، او صرفاً یک مبارز بزرگ ضد استعمار و ضد تبعیض نژادی بود. (درصورت)

نمایندگان کنگره به این شرکت ها هشدار دادند در صورت ارتباط با ایران، با جرایم سنگینی مواجه می شوند. (چنانچه)

هرچند مقامات کاخ سفید توانستند نظر مثبت برخی از سناتورهای آمریکایی از جمله رئیس کمیته بانکداری سنا را در حمایت از رویکرد خود جلب کنند اما این مسأله مانع از آن نشده است که تحریم هایی که بنا به تفسیر و تأویل های متناقض اعمال می شود متوقف شود. (علی رغم)

در ایران هم سخنگوی دستگاه دیپلماسی کشورمان به تحریم های جدید اعتراض کرد و سردرگمی و چند صدایی آمریکا را اقدامی نسنجیده دانست که می تواند فضای تفاهم را تخریب کند. (با)

هنوز بدهی بابک زنجانی به حساب وزارت نفت واریز نشده اما با توجه به توافق هایی که پیش از این صورت گرفته بود، این بدهی قرار بود واریز شود. (علی رغم)

همزمان که گرفتارشدگان در سالن نمایش فیلم از محل خارج شدند، ۵
ایستگاه از آتش نشانان برای مهار حریق که از سقف کاذب سینما آغاز شده و
در حال زبانه کشیدن به قسمت تأسیسات بود وارد عمل شدند و توانستند
خیلی زود مانع گسترش آتش سوزی شوند. (همزمان با)

جاسوس مذکور اطلاعات خواسته شده و مورد نظر آن ها را جمع آوری و
سپس به کشور مبدأ جاسوسی منتقل کرده است. (پس از آنکه)

این پیش نویس بزودی به طور رسمی در دستور کار مجمع عمومی سازمان
ملل قرار می گیرد و در نشست این هفته مجمع عمومی سازمان ملل برای
تصویب مطرح خواهد شد. (پس از)

سعی داریم رؤسای دانشگاه ها که از احکامشان مدتی باقی مانده است تا
انتهای مدت حکم بر سمت خود باقی بمانند و پس از آن هیأت ارزیابی به
کارشناسی عملکرد رؤسای دانشگاه ها می پردازد. (پس از)

درس ۱۸

در گروه های دو یا سه نفره به پرسش های زیر پاسخ دهید.

۱. نام و تاریخ انتشار این روزنامه چیست و چه اطلاعات جانبی دیگری در حاشیه این دوصفحه آمده است؟

۲. این صفحات روزنامه شامل چه بخش هایی است؟

۳. عنوان های خبری را درصفحه اول مشخص کنید و به طور خلاصه بگویید هر یک راجع به چیست.

۴. سازمان مدیریت و برنامه ریزی در چه تاریخی و به چه دلیلی منحل شده بود؟

۵. دبیرکل حزب مردم سالاری کیست و برای چه کسی پیام تسلیت فرستاده است؟

۶. درنشست خبری ظریف و لاوروف چه مسائلی مطرح شد؟

۷. معنی اصطلاحات زیر را توضیح دهید.

۱. موج آسایش ناشی از این توافق
۲. جای هیچ شک و شبهه ای در مناسبات به جا نمی گذارد
۳. آنچه در پی می آید
۴. منطقه را از شبح بحران دورکند
۵. از موضوعات مطرح شده در این مناظره بود
۶. تأثیرگذاری و نقش تشکل های دانشجویی درسیاستگذاری کلان نظام

۷. گزارش این مناظره به شرح زیر است

۸. این برداشت مشترک از منفعت ثبات و امنیت در خاورمیانه مسأله ای است که به نوعی درباره آن اجماع شده

۹. یک باب جدیدی از گفت وگو و حل وفصل را به دور از تنش و تهدید پیگیری کنند

۱۰. ممکن است باعث التهاب درجامعه و جلوگیری ازوحدت وهمچنین دلسردی دلسوزان نظام شود

۸. عناوین خبری زیر شامل چه اطلاعات پیشینه ای هستند؟

۱. معادن غیرمجاز همچنان مرگ استخراج می کنند

۲. زنجیرچرخ و معاینه فنی، خط قرمز پلیس

۳. مذاکرات ایران و هند برای تعیین نحوه دریافت طلب نفتی

۴. نتیجه مذاکرات ژنو تأیید حق غنی سازی ایران است

۵. استقبال شورای همکاری خلیج فارس از نگاه جدید ایران به همسایگان جنوبی

۶. بخشی از سخنان اوباما که در ایران شنیده نشد

۹. یکی از عناوین خبری این دو صفحه را انتخاب کنید و درمورد آن یک خبر بنویسید. سپس آنرا در گروهتان مطرح کنید.

۱۰. برای هریک از کلمات زیر توضیح مناسبی بنویسید.

منتخبین: کسانی که ــ .

مخمصه: چیزی که ــ .

بیانیه مشترک: چیزی که ــــــــــــــــــــــــــــــــــــــ .

ترجمه همزمان: ترجمه ای که ــــــــــــــــــــــــــــــ .

تفاهم نامه: چیزی که ــ .

پیش شرط: چیزی که ــ .

تأییدیه: چیزی که ــ .

حزب مؤتلفه: حزبی که ــــــــــــــــــــــــــــــــــــــ .

نامشروع: چیزی که ـــ .

مرعوب: کسی که ـــ .

۱۱. مفرد کلمات زیر را بنویسید.

ایام

منتخبین

قوانین

آرا

اشباح

شبهات

شروط

مناظرات

نقوش

اسلحه

نقایص

عواقب

۱۲. با هریک از عبارات زیر یک جمله بنویسید.

سرمایه انسانی

کناره گیری

تشدید شدن

قانع کننده

چشم انداز

ثمربخش

واقع بینانه

نفوذ پذیری

شک وشبهه

درزمره

زیاده خواهی

تأثیر بسزا

بها دادن

۱۳. جملات زیر را با استفاده از کلمات و عبارات ربطی که در پرانتز آمده بازنویسی کنید.

استعفای تنی چند از نمایندگان که بیشتر به تهدید شباهت دارد تا کناره گیری، دلیلی غیر از این ندارد که آن ها خواستار این هستند تا از حق و حقوق موکلانشان دفاع کنند. (چون)

مردم ذهنیت خوبی از استعفا ندارند و به همین دلیل نگران رابطه دو قوه شده اند. (به دلیل)

اگر در جامعه اسلامی گروه بندی ها و صف بندی های سیاسی شکل بگیرد، نتیجه ای جز دعواها و بد اخلاقی های سیاسی نخواهد داشت. (درصورت)

براساس اصل قانون اساسی، مجلس قوه ناظر بر دولت است و به همین دلیل لازم است که این دو قوه همیشه و تحت هر شرایطی تعامل خوبی باهم داشته باشند. (ازآنجائیکه)

براساس اصل سیاست ادغام ملی است که سیاست شناسان و دولت شناسان توزیع ثروت و امکانات را از اهم وظایف دولت تلقی می کنند. (طبق)

سفر به تهران برای دیدار رفتار ایرانیان پس از انتخاب حسن روحانی به عنوان ریاست جمهوری ایران برنامه ریزی شده است. (هدف از)

اگر گزینه ای وجود داشت که این امکان را به وجود بیاوریم که تک تک پیچ و مهره های برنامه هسته ای آنها را حذف کنیم و احتمال داشتن برنامه هسته ای ایران را کاملاً از بین ببریم تا در نتیجه قابلیت های نظامی آن را هم نداشته باشند، آن را انتخاب می کردم. (درصورت)

با توجه به تاریخچه همکاری گسترده در این زمینه با روسیه، نگاه و اولویت ما گسترش همکاری ها با روسیه خواهد بود که مذاکرات مفیدی در این زمینه نیز میان دو طرف صورت گرفته است. (از آنجائیکه)

ما اتفاق نظر داریم که هیچ راه حل نظامی برای سوریه وجود ندارد و حتماً باید به دنبال راه حل سیاسی بود و سایرین باید به این روند با کمک به درک آن کمک کنند. (به دلیل)

با روی کار آمدن مجدد پوتین از سال ۲۰۱۲ مجدداً این روابط به صورت جدی تری گرم شد. (پس از آنکه)

مصاحبه به خوبی پیش رفت هر چند ترجمه همزمان کمی زمان می برد. (با وجود)

گفت وگوهای خوبی در چند ماه گذشته درباره گسترش همکاری های بین ایران و روسیه در زمینه ساخت راکتور و نیروگاه هسته ای وجود داشته و دو کشور در برخی موارد به رسیدن به توافق و اقدامات اجرایی بسیار نزدیک شده اند. (چرا که)

درس ۱۹

در گروه های دو یا سه نفره به پرسش های زیر پاسخ دهید.

۱. نام و تاریخ انتشار این روزنامه چیست و چه اطلاعات جانبی دیگری در حاشیه این دوصفحه آمده است؟

۲. این صفحات روزنامه شامل چه بخش هایی است؟

۳. عنوان های خبری را در این دو صفحه مشخص کنید و به طور خلاصه بگویید هر یک راجع به چیست.

۴. چرا جایزه نشان امپراطور برای کیارستمی با جایزه های دیگری که دریافت کرده است متفاوت است؟

۵. نظر محمود دولت آبادی درمورد فیلمهای کیارستمی چیست؟

۶. چه مشکلی در ساخت نمایش هایی که براساس نمایش های خارجی هستند، وجود دارد؟

۷. عناوین خبری زیر شامل چه اطلاعات پیشینه ای هستند؟

    ۱. توجه به نویسنده، احترام به مخاطب
    ۲. جایزه ای فراتر از نخل طلای کن
    ۳. افتخارات فرهنگی را در سایه قرار ندهیم
    ۴. هر نهاد غیرتخصصی خود را وارد سینما کرده است

۸. یکی از عناوین خبری این دوصفحه را انتخاب کنید و درمورد آن یک خبر بنویسید. سپس آنرا در گروهتان مطرح کنید.

۹. برای هریک از کلمات زیر توضیح مناسبی بنویسید.

ممهور: چیزی که ـــ.

اقامتگاه: جایی که ـــ.

دوبله: فیلمی که ـــ.

تقدیرنامه: نوشته ای که ـــــــــــــــــــــــــــــــــــــ.

هوو: کسی یا چیزی که ـــــــــــــــــــــــــــــــــــــــ.

سیاهه: چیزی که ـــ.

تماشاخانه: جایی که ـــ.

عزراییل: فرشته ای که ـــــــــــــــــــــــــــــــــــــــ.

۱۰. مفرد کلمات زیررا بنویسید.

انوار

تبادلات

سطوح

قلوب

نقوش

مجامع

توقعات

اعمال

تجارب

رفقا

نقاط

مضامین

قواعد

مشاغل

قضایا

قیود

ایادی

۱۱. با هریک از عبارات زیر یک جمله بنویسید.

امیدوارکننده

به پاس

تفاهم متقابل

ازصمیم قلب

درحوزه

منحصر به

پشتکار

برداشت غلط

دروهله نخست

واداشتن

نقاط قوت

معضل اجتماعی

کم و کیف

۱۲. جملات زیر را با استفاده از کلمات و عبارات ربطی که در پرانتز آمده بازنویسی کنید.

اینجا، اقامتگاه سفیر کبیر ژاپن، همه چیز ایرانی است به جز چهره میزبانان. (ولی)

مراسم بسیار رسمی است اما صمیمیت چه در حرف های سفیر و چه در حرف های کارگردان سرشناس ایرانی موج می زند. (با وجود)

این نشان افتخار به پاس خدمات ارزشمند و مساعدت در ایجاد تبادلات فرهنگی و تفاهم متقابل بین ایران و ژاپن به عباس کیارستمی اعطا شده است. (تا)

به دلیل اینکه مردم کشور ما فرصت کمی برای حضور در فضای عمومی دارند، کسب افتخاراتی همچون افتخارات کیارستمی در عرصه جهانی برای مردم ما لازم و ضروری است. (به دلیل)

مخمصه در وهله نخست نمایشی ساده و به دور از هر گونه پیچیدگی ساختاری به نظر می رسد اما در کمی دقت نظر و بررسی بیشتر، آن را اثری چند لایه و دشوار، به لحاظ مفهوم و محتوا و همچنین ساختار نمایشی درمی یابیم. (علی رغم)

بسیاری از متونی که ما هم اکنون از ترجمه فارسی آنها استفاده می کنیم از زبان انگلیسی به فارسی ترجمه شده اند در حالی که نسخه اصلی اثر به زبان انگلیسی نبوده است. (با وجود)

من حاضر بودم بدون حمایت مالی اجرا بروم، به شرطی که تعداد اجراهایم بالا باشد. (درصورت)

به نظرم این یک نمایش سیاسی نیست چون تم و درونمایه اش کاملاً اجتماعی است اما از هر کار اجتماعی می توان تعبیر سیاسی هم کرد. (با وجود)

وقتی کار تمام شد و نمایشنامه جدید را خواندم همین طور بی اختیار اشک می ریختم. (به محض)

ما امید داریم اما آیا واقعاً فضای امیدوارکننده ای برای کار کردن هنرمندان به وجود آمده است؟ (علی رغم)

درس ۲۰

در گروه های دو یا سه نفره به پرسش های زیر پاسخ دهید.

۱. نام و تاریخ انتشار این روزنامه چیست و چه اطلاعات جانبی دیگری در حاشیه این دوصفحه آمده است؟

۲. عنوان های خبری را درصفحه اول مشخص کنید و به طور خلاصه بگویید هر یک راجع به چیست.

۳. چرا اکبر زنجانپور آثار چخوف را برای نمایشنامه هایش انتخاب کرده است؟

۴. چه شباهتی میان تئاتر ایران و مسابقه بوکس وجود دارد؟

۵. منظور از روایت تاریخ با زبان محافظه کار چیست؟

۶. زمینه تحقیق دکترحکمت چیست؟ چند اثر از آثار وی را نام ببرید.

۷. معنی اصطلاحات زیر را توضیح دهید.

۱. تلاش های سترگی در این مسیر صورت گرفته است
۲. در پی روزنه ای به جهان غیب است
۳. باورهای نهادینه شده تاریخی
۴. خود را از نقد کتاب عاجز دانست
۵. خوانش متفاوت و بدبینانه ای است
۶. دربرهه های زمانی مختلف
۷. علوم بشری مرزهای نوینی را گشوده اند

۸. این ابهام از دو عامل نشأت می گیرد

۹. تخطی از آن عوامل بدی را به دنبال دارد

۱۰. توانستم از پس عهدی که با خود بسته بودم برآیم

۸. یکی از عناوین خبری این دو صفحه را انتخاب کنید و در مورد آن یک خبر بنویسید. سپس آنرا در گروهتان مطرح کنید.

۹. برای هریک از کلمات زیر توضیح مناسبی بنویسید.

الگو: چیزی یا کسی که _____.

نوابغ: کسانی که _____.

دستیار: کسی که _____.

مؤلف: کسی که _____.

اقتباس: چیزی که _____.

ثمره: چیزی که _____.

کنجکاو: کسی که _____.

نابسامانی: چیزی که _____.

مجرب: کسی که _____.

بن بست: جایی که _____.

۱۰. مفرد کلمات زیر را بنویسید.

دقایق

سطور

سلایق

نسخ

نوابغ

اسرار

اوصاف

زوایا

تجارب

ابعاد

منافع

تعابیر

مکاتب

مقاطع

علوم

۱۱. با هریک از عبارات زیر یک جمله بنویسید.

گرایش پیدا کردن

حضور پررنگ

نشأت گرفته

مسئولیت خطیر

درد دل

درحصار

درقبال

نظاره گر

به پشتوانه

مکتب فکری

خلاصه وار

تمایز قائل شدن

با استناد به

به تبع آن

۱۲. جملات زیر را با استفاده از کلمات و عبارات ربطی که در پرانتز آمده بازنویسی کنید.

روایت داستان سخنی با تماشاگر خود داشت که برای نزدیک شدن به آن سخن، رستم داستان ما از دل تاریخ بیرون آمده با پاهای شکسته بر صحنه نمایش می رفت و آنچه باید می گفت، می گفت. (به این منظورکه)

نه سنم به رستم می خورد و نه تجربه خاصی در عرصه تئاتر داشتم. (نه تنها ... بلکه ...)

او عشق مرا باور کرد و من نیز با جان و دل هر چه در توان داشتم برای خلق نقشی که به من سپرده بود نشان دادم تا در مقابل باور او سربلند باشم. (چرا که)

آدم ها در همه نقطه به نقطه تاریخ شبیه هم هستند، عاشق می شوند، نفرت دارند، ناامید می شوند و امیدوار هستند. (مثل)

اگر چیزی از نگاه نویسنده در شخصیت اثر مشاهده می شود، از ناخودآگاه ذهن اوست نه از خودآگاه ذهن وی. (درصورت)

چخوف برای انسان آنقدر ارزش قائل می شود که دنیای خودش را به مخاطب تحمیل نمی کند بلکه دنیای مخاطب را به نوعی بازآفرینی و یادآوری می کند. (بجای)

دکتر حکمت در کتاب مسأله چیست از مسأله نام می برد که می توان با رجوع به گابریل مارسل آن را بهتر شناخت. (اگر)

ما در فلسفه با مسائل سروکارداریم اما اگزیستانس با یک مجموعه راز مواجه است. (با وجود)

جامعه ما دیر با عقل نقاد آشنا شد لذا گاهی در مواجهه با نقادی، دچار نوعی عقده است. (به دلیل)

امروزه به دلیل توجه به پژوهش ها، علوم بشری مرزهای نوینی را گشوده اند. (به این دلیل که)

با عنایت به موارد فوق می توان نتیجه گرفت که در دنیای جهانی شده امروز، پژوهش یک روند هوشیارانه جهت دست یافتن به راهکارهای عملی و فناوری است. (چنانچه)

درس ۲۱

در گروه های دو یا سه نفره به پرسش های زیر پاسخ دهید.

۱. نام و تاریخ انتشار این روزنامه چیست و چه اطلاعات جانبی دیگری در حاشیه این دوصفحه آمده است؟

۲. این صفحات روزنامه شامل چه بخش هایی است؟

۳. عنوان های خبری را درصفحه اول مشخص کنید و به طور خلاصه بگویید هر یک راجع به چیست.

۴. چرا سید محمد خاتمی در آغاز نمایش مستند صلح سخنرانی کرد؟

۵. وضعیت نشر و ترجمه در ایران امروز چگونه است؟

۶. نگرانی جدید فعالان میراث فرهنگی از چیست؟

۷. معنی اصطلاحات زیر را توضیح دهید.

۱. نکند باز صدای تیشه حفاران غیرمجاز از سایتهای شناخته وناشناخته میراثی به سودای غارت زیرخاکی بلند شود

۲. بخش اعظمی از تخریب جنگل های زاگرس را رقم می زد

۳. قانون منع حفاری بدون مجوز

۴. این می تواند سرآغاز فصل جدیدی از دفاع تاراجگران بیگانه باشد که تاریخ ایران باستان را به یغما برده اند

۵. پزشکان خبره و خوشنام متخصص درحوزه های مختلف

۶. درهمین راستا پروتکلی دردست تدوین است

۷. درعین حال اعتباربخشی استانداردسازی خدمات بیمارستان دغدغه دیگری است

۸. همسوکردن برنامه های تحقیقاتی دستگاههای مرتبط جهت شناسایی مؤلفه های مؤثر

۹. مدیران صدا و سیما آنقدر سمن دارند که ما یاسمن هم نیستیم

۱۰. یک فرزند و هشت مادرخوانده

۸. عناوین خبری زیر شامل چه اطلاعات پیشینه ای هستند؟

۱. همایون ارشادی به جمع اشباح پیوست

۲. آماتوریزم سالن ها را فراگرفته است

۳. منتقدان حرفه ای انگشت شمارند

۴. عوامل تخریب جنگل های زاگرس کدام هستند

۵. افزایش خدمت سربازی به ۲۴ ماه

۹. یکی از عناوین خبری این دو صفحه را انتخاب کنید و درمورد آن یک خبر بنویسید. سپس آنرا در گروهتان مطرح کنید.

۱۰. برای هریک از کلمات زیر توضیح مناسبی بنویسید.

حرفه ای: کسی که _____.

نامی: کسی که _____.

مفرح: چیزی که _____.

مجوز: چیزی که _____.

زورخانه: جایی که _____.

شایعات: آنچه که _____.

تجمع اعتراضی: گروهی که _____.

گمنام: کسی که _____.

حق الترجمه: پولی که _____.

خزان: فصلی که ــ .

عتیقه: چیزی که ــ .

بیماری های واگیر: بیماری هایی که ــــــــــــــــــــــــــــــ .

۱۱. مفرد کلمات زیررا بنویسید.

اشباح

تصاویر

مسائل

شایعات

نکات

عوامل

مخاطرات

فقها

اراضی

مزارع

ابنیه

اماکن

خبرگان

شعب

قصور

ضرایب

عروق

قبور

دفاتر

سوابق

۱۲. با هریک از عبارات زیر یک جمله بنویسید.

انگشت شمار

امرارمعاش کردن

سوق دادن

تکذیب کردن

حسن نیت

سرقت ادبی

بازار راکد

بی رویه

پا برجا بودن

تحت تعقیب بودن

سیرنزولی

۱۳. جملات زیر را با استفاده از کلمات و عبارات ربطی که در پرانتز آمده بازنویسی کنید.

امروز که قتل، ترور، نابردباری و تبعیض در جهان وجود دارد بیش از هر زمان به ماندلاها و راه و رسم آن ها نیاز داریم. (به دلیل)

درحالی که به روزهای پایانی مهلت ارائه نسخه اولیه آثار به دبیرخانه سی و دومین جشنواره بین المللی فیلم فجر نزدیک می شویم، کار هیأت انتخاب نیز طی این چند روز بیشتر شده است. (با)

با توجه به اینکه آن فیلم پس از دو سال توانست پروانه نمایش بگیرد و مشکل توقیف آن حل شد، پیش بینی می شود که این فیلم هم به زودی توسط هیأت انتخاب دیده شود. (به لحاظ)

با برگزاری جشنواره ای مثل جام جم موافقم به شرطی که آثار توسط کارشناسان و نخبگان به شکل تخصصی بررسی شود. (در صورتیکه)

مدیران تلویزیون باید راهکاری پیدا کنند و گرنه مردم هر روز بیشتر جذب کانال های ماهواره ای می شوند. (اگر)

محافظت از این موهبت ارزشمند کار آسانی نیست زیرا جنگل های زاگرس در منطقه ای قرار دارند که عوامل تخریب همیشه بالقوه وجود دارد. (به دلیل)

هر چند با گذر زمان شکل و عوامل تخریب تغییر می کنند اما فرآیند تخریب از دهه ها پیشتر وجود داشته است. (علی رغم)

بالا رفتن سطح آگاهی مردم، فرهنگ سازی و توزیع امکانات و خدماتی چون گاز و نفت عاملی شد که مثل دهه های پیش جنگل های زاگرس برای بخشی از فعالیتهای فوق قربانی نشوند. (به این دلیل که)

افراد سرماخورده و بیماران تنفسی باید به منظور بهبودی استراحت را جدی بگیرند. (تا اینکه)

تشخیص این بیماری تنها با یک سلسله آزمایشات تشخیصی شامل عکسبرداری ته چشم میسر می شود چرا که این بیماری علامت همراهی ندارد. (به دلیل)

علیرغم تمام اختلاف سلیقه ای که بین سازمان نظام پزشکی و سازمان مالیاتی وجود داشت تفاهمنامه ای را در این راستا امضا کرده ایم. (اگرچه)

درس ۲۲

در گروه های دو یا سه نفره به پرسش های زیر پاسخ دهید.

۱. نام و تاریخ انتشار این روزنامه چیست و چه اطلاعات جانبی دیگری در حاشیه این دوصفحه آمده است؟

۲. این صفحات روزنامه شامل چه بخش هایی است؟

۳. عنوان های خبری را دراین دو صفحه مشخص کنید و به طور خلاصه بگویید هر یک راجع به چیست.

۴. کدام یک از اعتبارات پژوهشی دربودجه سال ۱۳۹۲ به تحقق پیوست؟

۵. علت مرگ هشتمین پلنگ ایرانی در سال جاری چیست؟

۶. طبق جدول صفحه دوم، تعداد کل کشته شدگان ومصدومان تصادفات سرویس های مدرسه و اتوبوس ها در پاییز امسال چقدر است؟

۷. عناوین خبری زیر شامل چه اطلاعات پیشینه ای هستند؟

۱. دست دادگاه برای بررسی نقش وزارت راه درتصادف بسته است
۲. ۱۱ دانشجودرتصادفی دیگرکشته شدند
۳. لغو مجوز برج ایران زمین
۴. هزاران ایرانی و عراقی هنوز مفقودالأثر هستند
۵. پرونده دانشگاه علوم پزشکی ایران بسته شد

۸. یکی از عناوین خبری این دوصفحه را انتخاب کنید و درمورد آن یک خبر بنویسید. سپس آنرا در گروهتان مطرح کنید.

۹. برای هریک از کلمات زیر توضیح مناسبی بنویسید.

خون‌گرم: کسی که _____ .

مفقودالأثر: کسی که _____ .

مازاد: چیزی که _____ .

چابک: کسی که _____ .

بقایا: چیزهایی که _____ .

دادخواست: چیزی که _____ .

مصدومان: کسانی که _____ .

مخفیگاه: جایی که _____ .

مالخر: کسی که _____ .

متوفی: کسی که _____ .

سرنخ: چیزی که _____ .

همدست: کسی که _____ .

۱۰. مفرد کلمات زیر را بنویسید.

آرا

مراجع

امنا

بقایا

دفاتر

ضوابط

سوانح

اسلحه

دیات

اقلام

مخازن

مزامین

۱۱. با هریک از عبارات زیر یک جمله بنویسید.

رگ و ریشه

به اتفاق آرا

عدم تحقق وعده

مبادرت کردن

مراجع ذی صلاح

خوش بینانه

ارتقا پیدا کردن

پوشش جامع

درتنگنا بودن

قریب به

به صورت تصاعدی

فرصت های شغلی

مبادله کردن

به گروگان گرفتن

مسالمت آمیز

اقلام مسروقه

مقدار قابل توجهی

نقش بر آب شدن

۱۲. جملات زیر را با استفاده از کلمات و عبارات ربطی که در پرانتز آمده بازنویسی کنید.

اگر کسی برای بار اول راهی آنجا شده باشد، فکر می کند با روستای دورافتاده یی و ویرانه هایش رو به رو خواهد شد. (درصورت)

به کمیسیون اصل ۹۰ مجلس اعلام شده که بدهی به حساب بانک مرکزی واریز شده اما بانک مرکزی این موضوع را تأیید نکرده است. (علی رغم)

کانون پرورش فکری کودکان و نوجوانان دارای فضاهای همایشی و نمایشگاهی واقع در خیابان حجاب است که طی سالیان گذشته مبادرت به

اجاره به سازمان ها و نهادهای دولتی و خصوصی جهت برگزاری نمایشگاه، جشنواره و همایش می نماید. (تا)

به احتمال فراوان دلیل مرگ این حیوان، عاملی غیر از شلیک گلوله بوده است اما علت مرگ این پلنگ هنوز مشخص نشده و این موضوع در دست بررسی است. (با وجود)

به دلیل انقباضی بودن بودجه دولت در سال جاری، بودجه دانشگاه ها در سال جاری افزایش قابل ملاحظه ای نداشته است. (چون)

با وجود اذعان این مقام بین المللی نسبت به شرایط خاص ایران به علت همسایگی با کشورهایی که گرفتار درگیری های داخلی یا منطقه یی هستند، بودجه صلیب سرخ برای ایران، سالانه از ۴ میلیون فرانک تجاوز نمی کند. (اگرچه)

تفاهمنامه یی میان آموزش و پرورش شهر تهران و حوزه علمیه برادران به امضا رسید که براین اساس مدارس دولتی تحت پوشش طرح به مدارس وابسته به حوزه علمیه تبدیل می شوند. (براساس)

اگر این مورد تصادف را غیرعمد درنظربگیریم نزدیک ترین اسباب آن به عنوان علت درنظر گرفته می شود که مواردی چون انحراف به چپ، خستگی راننده یا نظیر آن را دربرمی گیرد. (درصورت)

به گفته وی، در تحقیقات بعدی فرد ارسال کننده پیامک شناسایی و به پلیس آگاهی دعوت شد. (پس از آنکه)

درحالی که هنوز هویت برخی از مصدومان و کشته شدگان تشخیص داده نشده است، ساعاتی پس از حادثه، اسامی هشت مصدوم از مصدومان این حادثه از سوی دانشکده علوم پزشکی دزفول اعلام شد. (با وجود)

هرچند مأموران تلاش داشتند از راه های مسالمت آمیز با گروگانگیران وارد مذاکره شوند اما آنها به روی نیروهای امنیتی آتش گشودند و برای دقایقی این منطقه از شهر زاهدان شاهد یک درگیری تمام عیار بود. (علی رغم)

درس ۲۳

در گروه های دو یا سه نفره به پرسش های زیر پاسخ دهید.

۱. نام و تاریخ انتشار این روزنامه چیست و چه اطلاعات جانبی دیگری در حاشیه این دوصفحه آمده است؟

۲. عنوان های خبری را درصفحه اول مشخص کنید و به طور خلاصه بگویید هر یک راجع به چیست.

۳. علت رشد ۹ برابری ایدز در کشور چیست؟

۴. قرارگرفتن داروهای ناباروری تحت پوشش بیمه ای چه پیامدهایی به دنبال خواهد داشت؟

۵. منظور از توسعه افقی وعمودی تهران چیست وهریک چه مزایا ومعایبی دارد؟

۶. رسوم شب یلدا درشهرهای مختلف ایران چگونه است؟

۷. معنی اصطلاحات زیر را توضیح دهید.

۱. برای اطفای حریق
۲. مناطق سخت گذر
۳. به علت برودت هوا و لغزنده بودن معابر
۴. به شیوه قدیمی خندق کنی متوسل می شوند
۵. این خود تهدیدی برای حیات وحش محسوب می شود
۶. سور و سات یلدا زیر چادر سرما
۷. ثبت و ضبط دولت خواهد شد

۸. تا هرکس به تناسب جیب خود خریداری کند

۹. اگرتسهیلاتی را قایل شویم

۱۰. این داستان برگرفته از یک یا چند کتاب نیست

۸. یکی از عناوین خبری این دو صفحه را انتخاب کنید و در مورد آن یک خبر بنویسید. سپس آنرا در گروهتان مطرح کنید.

۹. برای هریک از کلمات زیر توضیح مناسبی بنویسید.

سد: چیزی که ـــ .

وام: چیزی که ـــ .

پشتیبانان: کسانی که ـــ .

کارمزد: پولی که ـــ .

طب ابن سینایی: طبی که ـــــــــــــــــــــــــــــــــــــ .

سوغات: چیزهایی که ـــ .

کد رهگیری: شماره ای که ـــــــــــــــــــــــــــــــــــ .

موروثی: چیزی که ـــ .

۱۰. مفرد کلمات زیر را بنویسید.

مصارف

مشاغل

خواص

مواد

معابر

اوایل

اواخر

مزایا

ظروف

مزارع

مراتع

صنایع

اراضی

نواقص

بنادر

۱۱. با هریک از عبارات زیر یک جمله بنویسید.

برگرفته

به جرأت

درمعرض بودن

ترغیب کردن

تدارک دیدن

وسوسه کردن

مطابق روال

قابل توجیه بودن

متحول شدن

بهره برداری

شرایط مورد نیاز

صرفنظر از این که

با این وصف

به رغم

درصدد برآمدن

۱۲. جملات زیر را با استفاده از کلمات و عبارات ربطی که در پرانتز آمده بازنویسی کنید.

با تقویت نظام تأمین اجتماعی، بسیاری از مشکلات روستائیان حل خواهد شد. (چنانچه)

به رغم عمودی سازی شهر تهران در برخی از مناطق غربی و شمالی، تا این لحظه مدیران شهری نتوانسته اند دلیلی برای ضرورت اجرای پروژه در دیگر مناطق تهران ارائه دهند. (اگرچه)

به دلیل مهاجر پذیر بودن شهر تهران و عدم کنترل جمعیتی که سالانه بر آمار شهر تهران می افزاید، نمی توانیم مدعی شویم که توسعه عمودی شهر بر توسعه پایدار آن نیز تأثیرگذار بوده باشد. (چراکه)

بالارفتن این رقم در کشور ما به علت افزایش نیافتن مراکز درمان و پیشگیری ابتلا به ایدز است. (لذا)

وزارت بهداشت برای مقابله با قاچاق دارو هیچ دخالت و مسئولیتی ندارد اما امیدواریم دستگاه های مسئول برای مقابله با این پدیده به وظایفشان عمل کنند. (باوجود)

بارش سنگین برف در همدان و لغزنده شدن معابر و سرمای پس از آن موجب شد دانش آموزان دبستانی برای سومین روز در همدان تعطیل شوند. (بنابراین)

به رغم بازگشایی و بررسی ده ها پرونده تصاحب اراضی ملی، سوء استفاده کنندگان با دست های پنهان درتلاشند مانع اجرایی شدن مبارزه جدی با این پدیده شوم شوند. (باوجودیکه)

افرادی که دارای مدرک تحصیلی پنجم ابتدایی، سیکل یا حتی دیپلم بودند، خود را بی سواد می دانستند، درحالی که بر اساس اجماع جهانی، بی سواد کسی است که خواندن، نوشتن و چهار عمل اصلی حساب را نداند. (علی رغم)

با توجه به ظرفیت مطلوب موجود، مستندات لازم برای ارتقای وضعیت حفاظتی منطقه در دست تدوین است. (پس ازآنکه)

درس ۲۴

در گروه های دو یا سه نفره به پرسش های زیر پاسخ دهید.

۱. نام و تاریخ انتشار این روزنامه چیست و چه اطلاعات جانبی دیگری در حاشیه این دوصفحه آمده است؟

۲. این صفحات روزنامه شامل چه بخش هایی است؟

۳. عنوان های خبری را درصفحه اول مشخص کنید و به طور خلاصه بگویید هر یک راجع به چیست.

۴. وضعیت ساختمان تئاترشهر به چه صورت است وچه تدبیراتی برای بهبود آن صورت گرفته است؟

۵. افزایش تعداد سفر گردشگران خارجی به ایران چه تسهیلاتی را برای کشور به همراه خواهد داشت؟

۶. سخنرانی حسن روحانی درباره برداشتن ممنوعیت قلم، چه تأثیری در نشرکتاب دارد؟

۷. معنی اصطلاحات زیر را توضیح دهید.

۱. این وظیفه هنرمندان است که دغدغه مسائل اجتماعی را داشته باشند
۲. نه از لحاظ مضمونی
۳. برای اثبات حسن نیت خود
۴. قول های مداومی که هرگز رنگ واقعیت به خود نگرفت
۵. ازجمله تولیدات شنیداری

۶. جای تأسف است که رسانه ملی به خبری تا این حد نازل دامن می زند
۷. خطرات مضاعفی را ایجاد می کند
۸. خطر فزاینده علائم افسردگی
۹. این حوزه ها به کشتی ای مانند شده اند که سکانداری ندارد
۱۰. امیدهای بسیاری را به خود دوخته است

۸. عناوین خبری زیر شامل چه اطلاعات پیشینه ای هستند؟

۱. تولیدکنندگان آلبوم ورشکسته اند
۲. آثار معروفی هنوز زیر علامت سؤال
۳. آسیب های اجتماعی در بوته نقد هنری
۴. تمدید مهلت ثبت نام ازدواج دانشجویی
۵. روی دیگر سکه فصل سرما در مدارس

۹. یکی از عناوین خبری این دو صفحه را انتخاب کنید و درمورد آن یک خبر بنویسید. سپس آنرا در گروهتان مطرح کنید.

۱۰. برای هریک از کلمات زیر توضیح مناسبی بنویسید.

حضار: کسانی که ______________________.
مبتلایان: کسانی که ______________________.
غیرایمن: چیزی که ______________________.
رابطه علت و معلولی: رابطه ای که ______________________.
قطب نما: چیزی که ______________________.
گزارشگر: کسی که ______________________.
ورشکسته: کسی که ______________________.
اختتامیه: مراسمی که ______________________.
بی پرده: چیزی یا کسی که ______________________.
خجالتی: کسی که ______________________.
پژوهشگر: کسی که ______________________.

۱۱. مفرد کلمات زیررا بنویسید.

حضار

ضرایب

روابط

علائم

عضلات

اعضا

عوارض

علل

طبقات

الواح

آثار

۱۲. با هریک از عبارات زیر یک جمله بنویسید.

فضای مجازی

درخورتوجه

استفاده کارآمد

رشد محسوس

دراین راستا

مصادف با

عوارض جانبی

فزاینده

عوارض احتمالی

کمک های اولیه

وضعیت بحران زده

موعد مقرر شده

۱۳. جملات زیر را با استفاده از کلمات و عبارات ربطی که در پرانتز آمده بازنویسی کنید.

پس از ارائه و داوری طرح های برگزیده، این جشنواره به کار خود پایان داد. (پیش از)

در ابتدای مراسم فینال این جشنواره دستگاه های مخصوص رأی گیری بین دانشجویان توزیع شد تا آنها نیز در رأی گیری انتخاب برترین طرح کسب و کار شرکت کنند. (به منظور)

باید قبول کنیم که این اتفاقات کم کم تبدیل به خاطره می شود اما تلخی آن همواره در کام دانشکده و آموزش عالی باقی خواهد ماند. (باوجود)

با این سامانه کارفرمایان پروژه های مختلف می توانند به سادگی پروژه خود را معرفی کرده و پس از توافق بر سر قیمت و سایر شرایط انجام آن، از افراد متخصص برای انجام آن بهره بگیرند. (پس ازآنکه)

اگر به موقع تشخیص داده شود زندگی فرد نجات پیدا می کند. (مگر)

لازم است فرد نسبت به دریافت پتاسیم، منیزیم و کلسیم اقدام کند زیرا کمبود این مواد مغذی یکی از دلایل گرفتگی عضلات است. (بنابراین)

عباس معروفی یکی از نویسندگان پرمخاطب و موفق بوده که با تداوم یافتن مشکلات امنیتی، مجبور به ترک از وطن شد. (به این دلیل که)

اگر امکان تجدید چاپ آن ها فراهم آید، مخاطبان زیادی خواهد داشت. (درصورت)

یک سری نشانه گذاری ها در چیدمان و نوع بازی هم در نمایش تغییر کرده که مخاطب را بی پرده تر و بی واسطه تر با تماشاگر روبرو می کند. (درپی)

این جشن با هدف ارزیابی نقش پررنگ اهالی رسانه در ارتقای کیفی سینمای ایران طراحی شده است. (تا اینکه)

درس ۲۵

در گروه های دو یا سه نفره به پرسش های زیر پاسخ دهید.

۱. نام و تاریخ انتشار این روزنامه چیست و چه اطلاعات جانبی دیگری در حاشیه این دوصفحه آمده است؟

۲. این صفحات روزنامه شامل چه بخش هایی است؟

۳. عنوان های خبری را دراین دو صفحه مشخص کنید و به طور خلاصه بگویید هر یک راجع به چیست.

۴. ایران در تحولات منطقه چه نقشی دارد؟

۵. رشد سرمایه گذاری در دولت و نیز رشد ارزش افزوده بخش صنعت در دوره احمدی نژاد چه تفاوتی با دوره های رفسنجانی و خاتمی دارد؟

۶. چرا خاتمی در مراسم بزرگداشت نلسون ماندلا حضور نداشت؟

۷. عناوین خبری زیر شامل چه اطلاعات پیشینه ای هستند؟

۱. بررسی مجدد توافقنامه ژنو درمجلس
۲. انتقال پیکرهای ۹ شهید اقدام تروریستی درعراق به ایران
۳. درهای اجرای توافق ژنو متعدد است
۴. پرونده ۴۲۰ ممنوع الخروج بسته می شود
۵. پارلمان اروپا هیچ پیش شرطی برای سفر به ایران نداشت
۶. اعلام راه اندازی دفتر نمایندگی اتحادیه اروپا در ایران

۸. یکی از عناوین خبری این دوصفحه را انتخاب کنید و درمورد آن یک خبر بنویسید. سپس آنرا در گروهتان مطرح کنید.

۹. برای هریک از کلمات زیر توضیح مناسبی بنویسید.

توقفگاه: جایی که ــ.

اردوگاه: جایی که ــ.

ممنوع الخروج: کسی که ــــــــــــــــــــــــــــــــــ.

متضاد: چیزهایی که ــــــــــــــــــــــــــــــــــــــ.

سلاح کشتار جمعی: سلاحی که ــــــــــــــــــــــــــــ.

خرده پاها: کسانی که ــــــــــــــــــــــــــــــــــــ.

مستعفی: کسی که ــ.

برگ برنده: چیزی که ــــــــــــــــــــــــــــــــــــ.

همتایان: کسانی که ــــــــــــــــــــــــــــــــــــــ.

ممنوع القلم: کسی که ــــــــــــــــــــــــــــــــــــ.

۱۰. مفرد کلمات زیررا بنویسید.

منازعات

احزاب

تدابیر

اذهان

جوامع

مراجعات

قضایا

اشخاص

مصارف

اکاذیب

اسلحه

وجوه

اعیاد

نیات
شبهات
شرکا
مجاری

۱۱. با هریک از عبارات زیر یک جمله بنویسید.

روبق اقتصادی
لزوم
استنباط کردن
پیشگیرانه
هاله ای از ابهام
خلف وعده
تحت الشعاع قرار دادن
جامعه مدنی
سوء استفاده شخصی
پیش فرض
عقل سلیم
ابراز نارضایتی کردن
در تضاد بودن
خدشه وارد کردن

۱۲. جملات زیر را با استفاده از کلمات و عبارات ربطی که در پرانتز آمده بازنویسی کنید.

عضو ارشد حزب مؤتلفه معتقد است که اصلاح طلبان در انتخابات پیش رو نمی توانند به اتخاذ و ائتلاف دست پیدا کنند. (طبق)

زود است از هم اکنون نسبت به آرایش سیاسی انتخابات مجلس شورای اسلامی اظهار نظر کنیم چرا که معمولاً رسیدن به توافق در جبهه های مختلف در آخرین فرصت های باقیمانده حاصل می شود. (به واسطه)

الآن علائمی مبنی بر اینکه جبهه پایداری بخواهد به صورت مستقل در انتخابات آینده شرکت کند وجود ندارد ولی برعکس ما علائمی در اختیار داریم که آنها نسبت به گذشته علاقه بیشتری برای ائتلاف دارند. (باوجود)

البته همه مشکلات حل نشده اما این حرکت گام نخست برای آرام شدن فضا و حرکت رو به جلو است. (علی رغم)

اگر وحدت در این زمینه وجود نداشته باشد دچار آسیب می شویم. (مگر)

اینکه باید چند صدایی وجود داشته باشد هیچ اشکالی ندارد به ویژه در مجلس شورای اسلامی عقاید مختلفی وجود دارد و نمایندگان حق دارند راجع به مسائل ملی کشور نظر دهند. (از جمله)

باوجود مخالفت رئیس جمهور ما بنایی برای اعتراض یا سؤال از رئیس جمهور یا وزیر نداریم. (اگرچه)

اگر سوء استفاده شخصی یا حتی سیاسی در این قضایا پیدا شود، ما حتماً پیگیری می کنیم. (درصورت)

گرچه اروپا بخشی از تحریم ها علیه ایران را حفظ کرده، اما به نظر می رسد زمان لغو برخی تحریم ها فرارسیده است. (علی رغم)

گرچه برخی کارشناسان می گویند که این سفر در راستای مذاکرات هسته ای ژنو است، اما بر اساس ساختار سیاسی در اتحادیه اروپا، موضوع پیگیری توافق هسته ای ژنو بر عهده کمیسیون اروپاست و پارلمان هیچ دخالتی در آن ندارد. (برخلاف)

در این دیدار نه تنها در مورد روابط روسیه و اتحادیه اروپا بلکه درباره موضوعات مشترک مانند مسأله هسته یی ایران گفت و گو کردیم. (همچنین)

درس ۲۶

در گروه های دو یا سه نفره به پرسش های زیر پاسخ دهید.

۱. نام و تاریخ انتشار این روزنامه چیست و چه اطلاعات جانبی دیگری در حاشیه این دوصفحه آمده است؟

۲. عنوان های خبری را درصفحه اول مشخص کنید و به طور خلاصه بگویید هر یک راجع به چیست.

۳. ستون «دیگه چه خبر» بیشتر حاوی چه نوع اخباری است؟

۴. چرا توافق ژنو فضا را برای رونق اقتصادی فراهم کرده است؟

۵. موضع جدید جان مک کین درمورد مذاکرات هسته ای ایران چیست؟

۶. چرا خویشتنداری و رفتار هوشمندانه مسؤلین ایران برای اجرای تفاهم ژنو ضرورت دارد؟

۷. معنی اصطلاحات زیر را توضیح دهید.

۱. مورد بحث و تبادل نظر قرار گرفت

۲. ضمن ابراز نارضایتی از اقدامات اخیر دولت

۳. از داوری و قضاوت های عجولانه خودداری شود

۴. تلاش می کند تا مانع تراشی کند

۵. صراحتاً و رک و پوست کنده

۶. مصداق نقض صریح مفاد توافق

۷. نقض پیمان منع اشاعه هسته ای

۸. برمبنای گام های برابر و احترام دوجانبه

۹. برنامه غنی سازی اورانیوم

۱۰. با پررنگ شدن شایعه اختلاس مدیران قبلی

۸. یکی از عناوین خبری این دو صفحه را انتخاب کنید و در مورد آن یک خبر بنویسید. سپس آنرا در گروهتان مطرح کنید.

۹. برای هریک از کلمات زیر توضیح مناسبی بنویسید.

کشتی اقیانوس پیما: کشتی ای که _____.

ناو: کشتی ای که _____.

ناوشکن: کشتی ای که _____.

زیردریایی: کشتی ای که _____.

اژدر: موشکی که _____.

دریادار: کسی که _____.

رونوشت: چیزی که _____.

رشوه: چیزی که _____.

وثیقه: چیزی که _____.

۱۰. مفرد کلمات زیر را بنویسید.

حضرات

مضایق

نظرات

آرا

حملات

موانع

تعارضات

اختلافات

۱۱. با هریک از عبارات زیر یک جمله بنویسید.

جیغ و فریاد

غبارآلود

فضاسازی

افت و خیز

سنخیت

نظرسنجی

اختلاف برانگیز

رأی اعتماد

نقض صریح

حمله نظامی

مسالمت آمیز

مانع تراشی کردن

۱۲. جملات زیر را با استفاده از کلمات و عبارات ربطی که در پرانتز آمده بازنویسی کنید.

ایران امروز به موشک مجهز است. این موشک ها ورای افق را هدف قرار می دهند. (که)

در مجموع مسیر حرکت دولت را مثبت می دانم گرچه هرکس کار اجرایی می کند افت و خیز دارد. (علی رغم)

اگرچه این رقم مقداری خوش بینانه است اما قابل تأمل است. (باوجود)

سفیر ایران در روسیه در این دیدار با قدردانی از نقش مثبت روسیه در روند مذاکرات هسته ای ایران و ۵+۱، خواستار ادامه ایفای نقش فعال تر روسیه در پیگیری این روند تا رسیدن به توافق نهایی شد. (پس ازآنکه)

او با اشاره به جایگاه ویژه روسیه در سیاست خارجی ایران، بر گسترش همکاری های دو کشور در حوزه های دو جانبه، منطقه ای و بین المللی تأکید کرد. (سپس)

این دو مقام غربی اعلام کردند که خود را متعهد به تکمیل سریع فرایند ژنو می دانند و در عین حال آماده رسیدن به توافق جامع با ایران نیز هستند. (نه تنها .... بلکه ....)

پس از حمایت برخی از سناتورهای تأثیرگذار کنگره آمریکا از جمله رئیس کمیته بانکداری سنا از رویکرد دیپلماتیک کاخ سفید، اکنون برخی از جمهوریخواهان تندروی آمریکایی هم از لزوم توقف شش ماهه تحریم ها حمایت کرده اند. (پس از آنکه)

هدف از این رایزنی ها جلب حمایت تل آویو برای حمایت از توافق شش ماهه ژنو بوده است. (تا)

متأسفانه هیچ قضاوت رسمی درباره نقض پیمان منع اشاعه هسته ای وجود ندارد زیرا این پیمان فاقد هرگونه مکانیسم نظارتی است. (به موجب)

درس ۲۷

در گروه های دو یا سه نفره به پرسش های زیر پاسخ دهید.

۱. نام و تاریخ انتشار این روزنامه چیست و چه اطلاعات جانبی دیگری در حاشیه این دوصفحه آمده است؟

۲. این صفحات روزنامه شامل چه بخش هایی است؟

۳. عنوان های خبری را درصفحه اول مشخص کنید و به طور خلاصه بگویید هر یک راجع به چیست.

۴. خلاصه سخنان روحانی به مناسبت هفته پژوهش چیست؟

۵. منظور از دولت دینی و حریم خصوصی چیست؟

۶. مردم کردزبان درکدام قسمت های ایران زندگی می کنند و از رییس جمهور چه گله ای دارند؟

۷. معنی اصطلاحات زیر را توضیح دهید.

۱. متواضعانه از جناب عالی می خواهم
۲. بهانه ای برای نادیده انگاشتن مطالبات مردم
۳. یکی از تاریک ترین دوران خود را سپری کرد
۴. مشکل بعد مسافت برای متقاضیان شرکت در آزمون
۵. تحت الشعاع این افراط گرایی ها قرارگیرد
۶. این بیانیه تا چه میزان در فرونشاندن این التهابات مؤثر بود

۷. سعی کردیم آن را کتمان کنیم

۸. دامن نظام از این تخلفات مبرا می شود

۹. در محضر شخصیت های فرهیخته و پژوهشگران برتر وعالی رتبه

۱۰. در این زمینه همه باید دست به دست هم بدهیم

۸. عناوین خبری زیر شامل چه اطلاعات پیشینه ای هستند؟

۱. مطالبات مردم کردزبان از رییس جمهور

۲. پژوهش باید مدیریت ما را کارآمد کند

۳. گاهی نظام را خرج برخی نیروهای خود سر کرده ایم

۴. تکفیری ها رفتاری سازمانی دارند

۹. یکی از عناوین خبری این دو صفحه را انتخاب کنید و درمورد آن یک خبر بنویسید. سپس آنرا در گروهتان مطرح کنید.

۱۰. برای هریک از کلمات زیر توضیح مناسبی بنویسید.

زیرمجموعه: چیزی که ــــــــــــــــــــــــــــــــــــ .

تکفیری ها: کسانی که ــــــــــــــــــــــــــــــــــــ .

خودسر: کسی که ــــــــــــــــــــــــــــــــــــ .

پروانه اشتغال: سندی که ــــــــــــــــــــــــــــــــــــ .

تبصره: قانونی که ــــــــــــــــــــــــــــــــــــ .

ابلاغ: چیزی که ــــــــــــــــــــــــــــــــــــ .

المثنی: چیزی که ــــــــــــــــــــــــــــــــــــ .

الحاقی: چیزی که ــــــــــــــــــــــــــــــــــــ .

املاک مشاع: املاکی که ــــــــــــــــــــــــــــــــــــ .

لازم الاجرا: قانونی که ــــــــــــــــــــــــــــــــــــ .

متخلف: کسی که ــــــــــــــــــــــــــــــــــــ .

وحی منزل: چیزی که ــــــــــــــــــــــــــــــــــــ .

مصمم: کسی که ــــــــــــــــــــــــــــــــــــ .

۱۱. مفرد کلمات زیررا بنویسید.

ابنیه
املاک
متخلفین
ناقضین
فتاوی
اسلحه
موارد
تخلفات

۱۲. با هریک از عبارات زیر یک جمله بنویسید.

گمارده شدن
حریم خصوصی
آتی
مزاحمت تلفنی
استعلام
مورد تعریف و تمجید قرارگرفتن
قتل های زنجیره ای
کتمان کردن
به طور مستمر
بلوغ فکری
منوط به
درخور
بها دادن
استفاده بهینه
بنا بودن
وجهه
نیاز فوری
اولویت بندی

۱۳. جملات زیر را با استفاده از کلمات و عبارات ربطی که در پرانتز آمده بازنویسی کنید.

مکتب تکفیر یک مکتبی است که براساس یک دستور سازمانی است که باید این کار را انجام دهند و می دهند. (نه تنها .... بلکه ....)

اگر نظام با آنها برخورد نکند، این اقدامات خود بخود به پای نظام و البته دستگاه قضا نوشته می شود و برای نظام مسئولیت ایجاد می کند. (مگر آنکه)

هدف از صدور فرمان ۸ ماده ای بیش از آنکه پاک کردن نظام یا بخشی از نظام از برخی حرکت های خود سرانه باشد بر اساس یک دیدگاه انسانی و اسلامی صادر شد. (تا)

با اینکه در شرایط فعلی بحث های اقتصادی برای مردم مهم است و آنها مطالبات جدی در این حوزه دارند، اما در عین حال همیشه حقوق شهروندی و حقوق بشر جزو مطالبات اصلی مردم بوده است. (با وجود)

یک حکومت بر پایه دین بیش از همه باید مدعی باشد که موازین حقوق بشر و حقوق شهروندی را رعایت می کند چون مبنای تمامی این حقوق کرامت انسان است. (به دلیل)

ممکن است پژوهشگر به نتایجی برسد که خوشایند برخی نباشد، اما اگر به واقع با رعایت اصول تحقیق به یافته ای رسیده باشد، آن یافته قابل استناد است. (علی رغم)

کار علمی را از ترجمه کتب دیگران آغاز کرد اما هرگز به ترجمه اکتفا نکرد. (با وجود)

دولت پاسخگو ناچار است برای عدم کارآمدیش به مردم پاسخ بدهد و برای کارآمد کردن، لااقل بنده راهی جز پژوهش نمی شناسم. (مگرآنکه)

در بودجه امسال وقت کافی برای اینگونه امور در بودجه نداشتیم، اما در سال های آینده این کار را خواهیم کرد. (با وجود)

درس ۲۸

در گروه های دو یا سه نفره به پرسش های زیر پاسخ دهید.

۱. نام و تاریخ انتشار این روزنامه چیست و چه اطلاعات جانبی دیگری در حاشیه این دوصفحه آمده است؟

۲. این صفحات روزنامه شامل چه بخش هایی است؟

۳. عنوان های خبری را دراین دو صفحه مشخص کنید و به طور خلاصه بگویید هر یک راجع به چیست.

۴. دیوارنگاری به عنوان هنر شهری از کی در ایران شروع شد و چه ویژگی هایی دارد؟

۵. چه ایرادی بر سرفصل های کنونی دانشگاه ها در ایران وارد است و چگونه می توان آن را مرتفع ساخت؟

۶. منظور از نسل چهارم چه کسانی هستند؟

۷. معنی اصطلاحات زیر را توضیح دهید.

۱. ارزش های جامعه خودش را پاس ندارد
۲. به کرسی نشستن خواسته های جامعه جوان
۳. کم دغدغگی
۴. جوانانی که جوانی شان اقتضا می کند
۵. پاتوق بچه محل ها

۶. سال ها دارد خاک می خورد

۷. قریب به اتفاق اساتید به همین سرفصل ها بسنده می کنند

۸. فضای سیطره رخوت و یأس

۹. تب مدرک گرایی

۱۰. نومیدانه دور باطل می زنم

۸. یکی از عناوین خبری این دوصفحه را انتخاب کنید و درمورد آن یک خبر بنویسید. سپس آنرا در گروهتان مطرح کنید.

۹. برای هریک از کلمات زیر توضیح مناسبی بنویسید.

غربزده: کسی که _____.

خودساخته: کسی که _____.

نسل سوخته: نسلی که _____.

سرفصل: چیزی که _____.

مدرک گرا: کسی که _____.

قحطی زده: کسی که _____.

مرهم: چیزی که _____.

نخ نما: چیزی که _____.

افشانه: چیزی که _____.

پاتوق: جایی که _____.

اسم مستعار: اسمی که _____.

داور: کسی که _____.

دلمشغولی: چیزی که _____.

معصوم: کسی که _____.

منزه: کسی که _____.

خودجوش: چیزی که _____.

برچسب: چیزی که _____.

۱۰. مفرد کلمات زیر را بنویسید.

اواسط

فصول

مدارک

اقسام

فجایع

تصاویر

علایق

اشکال

مشاجرات

اسامی

ادوار

عشاق

مبالغ

اصوات

محلات

۱۱. با هریک از عبارات زیر یک جمله بنویسید.

اواسط

عقب نشینی

کم دغدغگی

در یک جمع بندی نهایی

به مثابه

بی رودربایستی

چشمداشت

قریب به اتفاق

بسنده کردن

تقاضا وعرضه

اقتضا کردن

چند صباحی

جلب رضایت

پیگرد قانونی

در معرض دید همگان

اختلاف نظر

مورد ارزیابی قرارگرفتن

نمونه برداری

جامه عمل پوشاندن

طاقت طاق کردن

تخمین زدن

درتضاد بودن

درهم تنیده

مبالغی هنگفت

محلات فقیرنشین

فعالیت های فرادرسی

مادام العمر

به طورتفصیلی

رویا پردازی

چپ چپ نگاه کردن

پوزخند زدن

۱۲. جملات زیر را با استفاده از کلمات و عبارات ربطی که در پرانتز آمده بازنویسی کنید.

اواسط دهه هشتاد بود که سیاست های فرهنگی برای جلوگیری از به اصطلاح، غربزدگی برنامه ریزی و تا حدودی نیز اجرا شد. (تا)

ادامه این واکنش های منفی، منجر به عقب نشینی سیاستگذاران و در نهایت به کرسی نشستن خواسته های جامعه جوان شد. (لذا)

اگر بخواهیم حرفمان را ساده سازی کنیم باید این طور بگوییم که جوان نسل چهارمی، با پیش فرض اینکه چه علاقه یی دارد و چه آینده یی را می خواهد، گزینش پیش رویش را انتخاب می کند. (درصورت)

قریب به اتفاق اساتید به همین سرفصل ها بسنده می کنند، چراکه دغدغه یی ندارند تا پای خود را از چارچوب های بروکراتیک و مشخص شده فراتر گذارند. (به دلیل)

برای برخی افراد شاید کار هنری فقط هنگامی از ارزش برخوردار است که در یک نگارخانه یا نمایشگاه هنری در معرض دید همگان قرار گیرد. (درصورت)

بعضی طرح ها در نگاه اول منظور خالق اثر را به بیننده منتقل نمی کنند، اما با کمی دقت پیام اصلی را می شود در میان خطوط و رنگ ها پیدا کرد. (علی رغم)

اگر این برنامه ها و فضاها بیشتر باشد، هم از کسانی که در این حوزه کار می کنند حمایت شده است و هم جوانان علاقه مند با وجود فضای کار از این هنر استقبال بیشتری می کنند. (نه تنها .... بلکه ....)

تنبیه ها و مجازات های مختلفی هم برای مرتکبان به این جرم درنظر گرفته می شود، اما همچنان بوم های آجری و نقاشان این بوم ها با همان جدیتی که مسؤولان پاکسازی به کارشان ادامه می دهند، در انجام کار خود پشتکار دارند. (به رغم)

گاهی اوقات که از خیابان ها گذر می کنم و نومیدانه دور باطل می زنم از خودم می پرسم که در ذهن اطرافیانم چه می گذرد و نشسته ها و برخاسته هایی که در کوچه های شهر دور و برم را پر کرده اند به چه می اندیشند و مونولوگ های ذهنی شان در چه کناره یی سیر می کند. (هنگام)

درس ۲۹

در گروه های دو یا سه نفره به پرسش های زیر پاسخ دهید.

۱. نام و تاریخ انتشار این روزنامه چیست و چه اطلاعات جانبی دیگری در حاشیه این دوصفحه آمده است؟

۲. عنوان های خبری را درصفحه اول مشخص کنید و به طور خلاصه بگویید هر یک راجع به چیست.

۳. ازمیان انواع مختلف کتاب، کدام یک نوشته و کدام یک ترجمه اند؟

۴. چه ایرادی بر هیأت خرید کتاب وزارت فرهنگ و ارشاد اسلامی وارد است؟

۵. سرمایه گذاران ایتالیایی درکدام شهر و برای چه اعلام آمادگی کرده اند؟

۶. در گور تاریخی در شهر یاسوج چه آثاری کشف شده و این آثارمربوط به چه دوره ای است؟

۷. عناوین خبری زیر شامل چه اطلاعات پیشینه ای هستند؟

    ۱. توزیع نفت در مناطق سخت گذر گیلان

    ۲. درآمد اندک مازندران از گردشگری

    ۳. برق رسانی به دورترین روستای لردگان

    ۴. خرید شفاف کتاب، امیدواری ناشران

    ۵. اختصاص ۲۰ میلیارد دلار به طرح دریاچه ارومیه

    ۶. مصرف ۷/۱ درصد گاز کشور در استان اردبیل

    ۷. کاهش ۸ درصدی تلفات جاده ای لرستان

۸. یکی از عناوین خبری این دو صفحه را انتخاب کنید و در مورد آن یک خبر بنویسید. سپس آنرا در گروهتان مطرح کنید.

۹. برای هریک از کلمات زیر توضیح مناسبی بنویسید.

شفاف: چیزی که _____ .

نایاب: چیزی که _____ .

ناب: چیزی که _____ .

روایتگر: کسی که _____ .

زمامدار: کسی که _____ .

دستورالعمل: چیزی که _____ .

چراغ هدایت: چیزی که _____ .

وصیت: چیزی که _____ .

نشانه شناس: کسی که _____ .

مخوف: چیزی که _____ .

صاحبنظران: کسانی که _____ .

ارثیه: چیزی که _____ .

شمایل شناس: کسی که _____ .

اخطاریه: چیزی که _____ .

بازاریاب: کسی که _____ .

آلاینده: چیزی که _____ .

معارضان: کسانی که _____ .

۱۰. مفرد کلمات زیررا بنویسید.

سوابق

سلایق

صنایع

دول

ارقام

روایات

بیانات

مراحل

وصایا

آوارگان

مناقشات

تعاریف

ابنیه

مباحث

مصارف

مزارع

حدود

اشیا

مقولات

مناظر

سواحل

اهداف

بنادر

فواصل

۱۱. با هریک از عبارات زیر یک جمله بنویسید.

دولت سابق

فرصت مکث و تأمل

افراط و تفریط

رقم زدن

غافلگیر کردن

غیرمنتظره

پایان ناپذیر

خفقان آور

مورد کنکاش قراردادن

با اتکا به

اعم از

ابنیه تاریخی

به مراتب

بینارشته ای

مصرف بهینه

به این منوال

تجدید نظر

دوران فراغت

وضعیت نامطلوب

قابل لمس

اعلام آمادگی کردن

در حد فاصل

به توافق رسیدن

امکانات رفاهی و تفریحی

۱۲. جملات زیر را با استفاده از کلمات و عبارات ربطی که در پرانتز آمده بازنویسی کنید.

اسکندری اگرچه از متولدین دهه ۶۰ است و از کارنامه ادبی اش بی خبریم اما با همین رمان متفاوت و زبان سنجیده و نثر حساب شده، نشان از ظهور نویسندگانی در بین نسل امروز دارد که آینده درخشان ادبیات ایران را رقم می زنند. (باوجود)

نویسنده در زمان جنبش ماه مه در پاریس در جزیره سن لویی که بخشی از حوادث داستان در آن می گذرد، سکونت داشت و کم و بیش ناظر همه مراحل این رویداد تاریخی بود. (وقتی که)

در این کتاب، تفکر خلاق و هنرمندانه کسی نشان داده می شود که وصیت او به مردم زمانه اش جز این نبود که با گوش سپردن به موسیقی او، راهی برای التیام رنج های خود بیابند و از ورطه هلاکت به ساحل سلامت رهسپار شوند. (اگر)

این کتاب برای بررسی ماهیت مسأله، زیباشناسی را از طبیعت جدا می کند و تعریفی برای این دو مفهوم استنتاج می کند. (با)

استادان و کارشناسانی از دانش های متفاوت مانند باستان شناسی، تاریخ هنر، حکمت، نشانه شناسی، شمایل شناسی و اسطوره شناسی گرد هم آمده اند تا هریک گوشه ای از رمزهای مجموعه طاق بستان را مطالعه کند و هریک به سهم خود در حوزه مورد نظر به رمزگشایی بپردازد. (به منظور)

آموزش باید سرلوحه کار فعالان حوزه حمل و نقل قرارگیرد تا روند نزولی تصادفات در این استان همچنان ادامه داشته باشد. (درصورتیکه)

اگر روند دریاچه به این منوال پیش برود درآینده شاهد برخی مشکلات حیاتی در این استان خواهیم بود. (مگر)

این گیاه که به نعناعی عسلی معروف است، از ۸ سال پیش تا کنون در ایران کشت می شود و به علت نیاز به رشد در شرایط آب و هوایی خاص تصور می شد، فقط در استان های شمالی کشور قابل کشت است. (چون)

با پایان یافتن طرح برق رسانی به دورترین روستای چهارمحال و بختیاری ساکنان این روستای محروم و سخت گذر از روشنایی بهره مند شدند. (پس ازآنکه)

کشاورزان مجاور این واحدها به علت ریزش و نشست ذرات معلق و دوده حاصل از فرایند ریخته گری این واحدهای آلاینده روی محصولات و اراضی کشاورزی آنان متحمل خسارات زیادی شده اند. (چراکه)

درس ۳۰

در گروه های دو یا سه نفره به پرسش های زیر پاسخ دهید.

۱. نام و تاریخ انتشار این روزنامه چیست و چه اطلاعات جانبی دیگری در حاشیه این دوصفحه آمده است؟

۲. این صفحات روزنامه شامل چه بخش هایی است؟

۳. عنوان های خبری را درصفحه اول مشخص کنید و به طور خلاصه بگویید هر یک راجع به چیست.

۴. کتاب های هیچ وقت پای زن ها به ابرها نمی رسد اثر مرضیه سبزعلیان و خوشبختی در راه است اثر آلیس مانرو چه نقاط مشترکی باهم دارند؟

۵. سلطه و پیشرفت شتابان تکنولوژی و ابررایانه ها چه اثرات سوئی به دنبال دارد؟

۶. ملاک حذف فیلم های جشنواره فجر چیست؟

۷. معنی اصطلاحات زیر را توضیح دهید.

۱. نمی شد فراموش کرد نامروتی را که در حق مستندسازان کردند

۲. بدون اینکه از آنها رفع اتهام شود آزاد شدند

۳. آنها به اتهام واهی مدتی را در بند گذراندند

۴. باهرگونه دخل و تصرف در آثارم مخالفم

۵. اگرتکلیف بعضی مسائل روشن نشود، وضعیت ما همان آش و کاسه خواهد بود

۶. امیدوارم به حرفی که زده ام وفادار باشم

۷. به طور قطع و یقین نمی توان آن را یک کار عامه پسند معرفی کرد

۸. سرانجام موسیقی غرب را دستخوش دگرگونی ساخت

۸. عناوین خبری زیر شامل چه اطلاعات پیشینه ای هستند؟

۱. پاییزی ترین گیشه پنج سال گذشته

۲. اسکار پس از هشتاد و شش دوره صاحب لوگو شد

۳. صدای شهرام ناظری در کوچه پس کوچه های قونیه پیچید

۴. مدیری به دبیرکل سازمان ملل پاسخ می دهد

۹. یکی از عناوین خبری این دو صفحه را انتخاب کنید و درمورد آن یک خبر بنویسید. سپس آنرا در گروهتان مطرح کنید.

۱۰. شعر زیر از کیست و چرا در مقاله «دورانی که تقوایی ها نتوانند فیلم بسازند، گذشت» آمده است؟

از دی که گذشت هرچه گویی خوش نیست

خوش باش و ز دی مگو که امروز خوش است

۱۱. برای هریک از کلمات زیر توضیح مناسبی بنویسید.

تنگدست: کسی که _____

مزدبگیران: کسانی که _____

شواهد: چیزهایی که _____

جهانشمول: چیزی که _____

انگیزاننده: چیزی که _____

گویا: چیزی که _____

نابسامان: چیزی که _____

کارفرما: کسی که _____

وراج: کسی که _____

عامه پسند: چیزی که _____

متصدی کتابخانه: کسی که ــ .

پیشخدمت: کسی که ــ .

خط خرچنگ قورباغه: خطی که ــــــــــــــــــــــــــــــــــــ .

ممتحن: کسی که ــ .

کسل کننده: چیزی که ــ .

پیشخدمت: کسی که ــ .

پیشگفتار: مطلبی که ــ .

صومعه: جایی که ــ .

اشراف: کسانی که ــ .

طنز: چیزی که ــ .

رکوردشکن: چیزی که ــ .

۱۲. مفرد کلمات زیر را بنویسید.

مدارج

حواشی

شواهد

ارقام

فواصل

نقاط

خطوط

قرون

ابعاد

نجیب زادگان

مفاهیم

۱۳. با هریک از عبارات زیر یک جمله بنویسید.

نیروی کار

دراین راستا

ازیکسو
مدارج تحصیلی
با استناد به
همذات پنداری
القا
موشکافانه
دست وپنجه نرم کردن
چه بسا
بلاتکلیفی
مشکلات زناشویی
دست و پا زدن
پیوستگی محتوایی
پشیمانی
به اقتضای
لاجرم
شایان ذکر
نقاط قوت
فراز و فرود
نقل مکان کردن
گزیده داستان
شکیبایی
ذوق موسیقایی
پیشگفتار
مبانی
تدارک
قرون وسطی
فروپاشی
اقشار جامعه

فردگرایی

ارتقای شغلی

مسبوق به سابقه

به تناسب

۱۴. جملات زیر را با استفاده از کلمات و عبارات ربطی که در پرانتز آمده بازنویسی کنید.

عصر اطلاعات که فرارسید، تکنولوژی نرم افزاری تمدن را به سمت دنیای بدون کارگر سوق داد. (با)

به وضوح می توان دید که نویسنده در این کتاب به جای پرسه زدن در اجتماع، در بطن جامعه زندگی کرده است. (نه تنها .... بلکه ....)

البته شایان ذکر است که این اثر اگرچه دارای زبان ساده و نثر تمیز و خالی از قضاوت است اما به طور قطع و یقین نمی توان آن را یک کار عامه پسند معرفی کرد. (علی رغم)

او تا پیش از انتخاب نویسندگی به عنوان یک حرفه، مشاغلی چون پیشخدمتی و تصدی کتابخانه را تجربه کرده بود و حتی مدتی نیز در مزارع تنباکو مشغول به کار بود. (پیش ازآنکه)

کلیسا همانگونه که بر نگرش و اندیشه قرون وسطایی سیطره داشت بر جریان زنده موسیقی نیز حکمروایی می کرد. (نه تنها .... بلکه ....)

با هرگونه دخل و تصرف در آثارم مخالفم و گرنه در تمام این دوران سینما شرایط به گونه ای نبوده که کسی نخواهد من فیلم بسازم. (علی رغم)

زمانی آنها خود را در حد سینماگران برتر سینما می دیدند ولی الآن بیشتر پشت صحنه سینما را کشف کرده اند. (با وجود)

باوجود کم بودن میزان استقبال مخاطبان، معدود فیلم هایی در این فصل پرفروش شدند که از جمله آن می توان به «سن پطرزبورگ» به کارگردانی بهروز افخمی اشاره کرد. (اگرچه)

تکلیف کاملاً روشن است و هیأت انتخاب درحال بازبینی فیلم ها است اما هنوز بازبینی همه فیلم ها به پایان نرسیده و ما هم گفته ایم هنوز هیچ جمع بندی برای هیچ فیلمی نداریم و پس از پایان کارهیأت انتخاب جمع بندی نهایی را انجام خواهیم داد. (علی رغم)

Persian-English glossary

آب آشامیدنی	drinking water
آب سنگین	heavy water
آبنوس	ebony
آبیاری کردن	irrigate
آپارتاید	apartheid
آتش سوزی	fire
آتش گشودن	shoot, open fire
آتش نشانان	firemen
آتش نشانی	fire department
آتی	future
آثار زیانبار	harmful effects
آثار شنیداری	audio material
آجر	brick
آجیل	nuts
آدمکش	murderer
آراسته کردن	decorate
آرامش	tranquility
آرامش اعصاب	calming nerves
آرامش بخش	tranquilizing
آرمانی	idealistic
آزادسازی	liberalization
آزادی اجتماعات	freedom of assembly
آزادی اندیشه	freedom of thought
آزادی بیان	freedom of speech
آزادی طلبی	seeking freedom
آزارجنسی کودکان	pedophilia
آزاردهنده	annoying
آزارنده	annoying
آزمودن	evaluate
آزمون	examination
آستان	threshold
آسیاب	mill
آسیب	damage (noun)
آسیب دیده	damaged
آسیب شناسی	pathology
آسیب های اجتماعی	social damages
آسیب های جدی	serious harm
آشتی	reconciliation
آشتی جویانه	conciliatory
آشغال	trash
آشفتگی فکری	mental confusion
آشکارا	openly
آشوبگر	agitator
آغازگر	pioneer
آغشته کردن	soak
آغوش	embrace
آگاه	informed
آلات	instruments
آلاچیق	bower, arbour
آلاینده	pollutant

English	Persian
noise pollution	آلودگی صوتی
air pollution	آلودگی هوا
amateurism	آماتوریزم
statistics	آمار
amphitheater	آمفی تئاتر
education	آموزش
political doctrines	آموزه های سیاسی
bell toll	آهنگ ناقوس
musician	آهنگساز
voice	آوا
refugees	آوارگان
Iso-recycle	آیزوریسایکل
verse	آیه
bylaws	آیین نامه
coalition	ائتلاف
legitimize	اباحه کردن
suffering (from a disease)	ابتلا
express discontent	ابراز نارضایتی کردن
express hope	ابرازامیدواری کردن
express happiness	ابرازخرسندی کردن
supercomputers	ابررایانه ها
megacity	ابرشهر
scientific tools	ابزارهای علمی
make void, cancel	ابطال کردن
dimensions	ابعاد
physical dimensions of sound	ابعاد فیزیکی صوت
be announced	ابلاغ شدن
proclamation	ابلاغیه
Satan	ابلیس
humankind	ابنای بشر
buildings	ابنیه
historical monuments	ابنیه تاریخی

English	Persian
ambiguity	ابهام
causing ambiguity	ابهام برانگیز
operator	اپراتور
opposition	اپوزیسیون
Chamber of Commerce	اتاق بازرگانی
operating room	اتاق عمل
exchange chambers	اتاق مبادله
alliance	اتحاد
European Union	اتحایه اروپا
African National Congress Youth League	اتحایه جوانان کنگره ملی آفریقا
connection	اتصال
reliance	اتکا
wasting	اتلاف
wasting resources	اتلاف منابع
accusation (legal)	اتهام
false accusation	اتهام واهی
groundless accusations	اتهامات بی اساس
proving	اثبات
inflationary impacts	اثرات تورمی
destructive effects	اثرات مخرب
influential	اثرگذار
lease	اجاره
avoid	اجتناب کردن
extortion	اجحاف
ancestors	اجداد
spiritual reward	اجرمعنوی
bodies	اجسام
World Conference on the Environment	اجلاس جهانی محیط زیست
moral consensus	اجماع اخلاقی
be surrounded	احاطه شدن
respect	احترام قایل شدن

religions	ادیان
acknowledge	اذعان داشتن
admit	اذعان کردن
minds	اذهان
present	ارائه دادن
lands	اراضی
Armenians	ارامنه
clients	ارباب رجوع ها
close connection	ارتباط تنگاتنگ
illicit sexual relationships	ارتباط جنسی نامشروع
reactionary	ارتجاعی
feed off	ارتزاق کردن
be promoted	ارتقا پیدا کردن
safety promotion	ارتقای ایمنی
promotion	ارتقای شغلی
perpetration	ارتکاب
inheritance	ارث ومیراث
inheritance	ارثیه
give a reference	ارجاع دادن
referred to	ارجاع شدن
venerable	ارجمند
camp	اردوگاه
value added	ارزش افزوده
value (verb)	ارزش قائل شدن
total value	ارزش کل
value-oriented	ارزش مدار
higher value	ارزش والا
floating exchange	ارزشناور
evaluation	ارزشیابی
exchange rate reference point	ارزمرجع
assessment	ارزیابی
quality assessment	ارزیابی کیفی
construction	احداث
qualifying	احراز
authentication	احرازهویت
record (facts and events)	احصا
be summoned	احضار شدن
securing someone's rights	احقاق حقوق
Islamic regulations	احکام
blackmail	اخاذی
closing ceremony	اختتامیه
invention	اختراع
astronomy	اخترشناخت
be allocated	اختصاص یافتن
embezzlement	اختلاس
mixing	اختلاط
disputable	اختلاف برانگیز
disagreement	اختلاف نظر
disorder, interference	اختلال
strangulation	اختناق
powers	اختیارات
obtaining	اخذ
decision making	اخذ تصمیم
get, obtain, charge	اخذ کردن
the dismissed	اخراجی
notice (legal, summoning)	اخطاریه
morality	اخلاق
department of the environment	اداره محیط زیست
paying respect	ادای احترام
urinate	ادرارکردن
perceptions	ادراکات
claim (verb)	ادعا کردن
assimilation	ادغام
vicious cycles	ادوار باطل

exceptional	استثنائی
cultural transformations	استحاله های فرهنگی
extraction	استحصال
employ	استخدام
extract	استخراج کردن
reasoning	استدلال
strategy	استراتژی
metaphor	استعاره
resignation	استعفا
transcendence	استعلا
inquiry	استعلام
colonizer	استعمارگر
submergence	استغراق
optimal use	استفاده بهینه
non-peaceful uses	استفاده غیرصلح آمیز
efficient use	استفاده کارآمد
welcome	استقبال
establishment	استقرار
borrowing	استقراض
independence	استقلال
seeking independence	استقلال خواهی
continuity	استمرار
moratorium	استمهال
citing	استناد به
deduce, interpret	استنباط کردن
deduce	استنتاج کردن
refusal	استنکاف
depreciation	استهلاک
stability	استواری
independent film studios	استودیوهای فیلم سازی مستقل
impeachment	استیضاح
secrets	اسرار
send	ارسال نمودن
guide (religiously)	ارشاد کردن
satisfaction (deverbal noun)	ارضا
intimidation	ارعاب
numbers, digits	ارقام
pillars	ارکان
symphony orchestra	ارکسترسمفونیک
organ	ارگان
thereby	از این رهگذر
in this regard	ازاین حیث
from this viewpoint	ازاین منظر
in terms of	ازحیث
congestion	ازدحام
expire	ازدرجه اعتبارساقط شدن
resume	ازسرگیری
by (origin)	ازسوی
on the other hand	ازسویی دیگر
wholeheartedly	ازصمیم قلب
from the viewpoint of	ازمنظر
thus	ازهمین رو
on the one hand	ازیکسو
torpedo	اژدر
dragon	اژدها
captivity	اسارت
basically	اساساً
spray (verb)	اسپری کردن
assistant professor	استادیار
governor	استاندار
standard	استاندارد
despotism	استبدادزدگی
camouflage	استتار
exploitation	استثمار

اسطوره	legend
اسفناک	deplorable
اسقاط کردن	destroy; cancel
اسقف اعظم	Pope
اسکان اضطراری	emergency settlement
اسکله	dock
اسم مستعار	penname
اسما	names
اسناد موجود	existing documents
اسنادغیرشمول	exclusion documents
اسوه	epitome
اشاره	allusion
اشاعه	distribution
اشباح	ghosts
اشتغال	employment
اشتغالزایی	job creation
اشتها آور	appetizing
اشراف	aristocrats
اشراف داشتن	have mastery over
اشراقی	illuminated
اشغال سفارت	occupation of the embassy
اشغالی	occupied
اشک	tear drop
اشکال	forms
اشکال فنی	technical problem
اشکال هندسی	geometric shapes
اشیاء	objects
اصالتاً	originally
اصحاب	companions
اصرارداشتن	insist
اصطکاک سیاسی	political friction
اصل	principle
اصل تساوی	equality principle
اصل وتبار	lineage
اصلاح طلب اجتماعی	social reformist
اصلاح نهایی	final revision
اصلاحات	reforms
اصلاحیه	amendment
اصوات نکره	cacophonous sounds
اصولگرا	fundamentalist
اصیل	noble, original
اضافات	appendices
اضطراب	anxiety
اطفای حریق	extinguishing fire
اطلاعات تکمیلی	additional information
اطلس	satin
اطمینان بخشی	reassurance
اطمینان دادن	assure
اظهارات	expressions
اظهارامیدواری کردن	express hope
اظهارتمایل	express willingness
اعتبارات فرهنگی	cultural esteem
اعتبارامنیتی	security credibility
اعتباربخشی	accreditation
اعتدال	moderation
اعتراض	protest
اعتراض آمیز	protestable
اعتراض سراسری	public protests
اعتراف	confession
اعتراف کردن	confess
اعترافات	confessions
اعتصاب عمومی	general strike
اعتلا	advance
اعتماد سازی	building trust
اعجاز	miracle
اعدام	execution

Persian	English
اعراب	Arabs
اعزام شدن	be delegated
اعصاب بینایی	optical nerves
اعضا	members
اعطا کردن	grant
اعلام آمادگی کردن	express readiness
اعلامیه	declaration
اعم از	including
اعمال کردن	exert
اعیاد	holidays
اغراق	exaggeration
اغفال	deception
اغلال	closing
اغما	coma
اغماض	tolerance; negligence
اغوا	deception
افاضه	interruption, diffusion
افت	drop, fall
افت و خیز	fluctuations
افتتاح کردن	inaugurate
افتتاحیه	inauguration
افتخار	honor
افراختن	elevate
افراد	persons
افراد شرور	hooligans
افراز	separate
افراط	indulgence
افراط و تفریط	extremes
افراطی گری	extremist
افراطیون	extremists
افسردگی	depression
افسرده	depressed
افسون زدایی	removing a charm
افشاگری	disclosure
افشانه	spray (noun)
افقی	horizontal
افکارعمومی	public opinion
اقامتگاه	residence
اقامه کردن	recite
اقبال	luck
اقتباس	adaptation
اقتدار	authority
اقتدارگرایی	authoritarianism
اقتصاد کلان	macroeconomics
اقتصادی	economic
اقتضا کردن	require
اقدام	action
اقسام	kinds
اقشار جامعه	social classes
اقشار کم درآمد	low-income class
اقلام	things
اقلام تشکیل دهنده	constituent items
اقلام مسروقه	stolen goods
اقلیت های دینی	religious minorities
اقلیم	climate
اقیانوس شناسی	oceanography
اکاذیب	lies
اکثریت مطلق آرا	absolute majority
اکران	release
اکران فیلم	film screening
اکناف	around
اکولوژیک	ecologic
اگزیستانس	existence
التیام یافتن	be healed
الحاق	addendum
الزام	necessity

suicide	انتحار
choosing a spouse	انتخاب همسر
abstract	انتزاعی
appointment	انتصاب
revenge	انتقام
resulting in	انجامیدن
association	انجمن
association of social work	انجمن مددکاری اجتماعی
fig	انجیر
digression	انحراف
swerving left	انحراف به چپ
monopoly	انحصارطلبی
decline (deverbal noun)	انحطاط
dissolution	انحلال
organism	اندامه
little	اندک
pile up, amass	اندوختن
thought, intellect	اندوخته فکری
sorrow	اندوه
sad	اندوهناک
thought	اندیشه
warn	انذاردادن
religious hatred	انزجارمذهبی
get used to	انس گرفتن
second class human	انسان درجه دو
human	انسانی
artery clog	انسداد عروق
ramification	انشعاب
fission	انشقاق
justice	انصاف
indeed	انصافاً
relinquishment	انصراف
induce	القا کردن
consumption patterns	الگوی مصرف
diamond	الماس
document replica	المثنی
inspiring	الهام بخش
inspire	الهام کردن
theology	الهیات
tablets	الواح
places	اماکن
safe-conduct	امان نامه
Roman Empire	امپراطوری روم
examples	امثال
earn a living	امرارمعاش کردن
sign	امضا کردن
possible	امکان پذیر
recreational facilities	امکانات رفاهی و تفریحی
minerals	املاح معدنی
immovable properties	املاک غیرمنقول
shared ownership	املاک مشاع
safe	امن
security, safety	امنیت
job security	امنیت شغلی
national security	امنیت ملی
possessions, belongings	اموال
affairs	امور
charity work	امورخیریه
defense and security affairs	اموردفاعی وامنیتی
cultural and social affairs	امورفرهنگی واجتماعی
promising	امیدوارکننده
trustworthy	امین
pile up, store	انباشتن
stretched	انبساطی
massive	انبوه

descriptions	اوصاف	conformity	انطباق
spare time	اوقات فراغت	flexibility	انعطاف پذیری
endowments	اوقاف	be reflected	انعکاس یافتن
priority	اولویت	booty	انفال
prioritizing	اولویت بندی	nuclear explosions	انفجارهای هسته ای
regional priority	اولویت بومی	diversion	انفراق
next of kin to a victim	اولیای دم	separation, discharge	انفصال
days	ایام	passivity	انفعال
sacrifice	ایثار	spastic	انقباضی
veterans	ایثارگران	extinction	انقراض
require	ایجاب کردن	termination	انقضا
create	ایجاد کردن	astronomical revolution	انقلاب نجومی
ideology	ایدئولوژی	revolutionary	انقلابی
ideal	ایده آل	undeniable	انکارنشدنی
Mosaic Iran	ایران موزائیکی	accusation	انگ
tar covering	ایزوگام	few	انگشت شمار
resistance	ایستادگی	provoking, motivating	انگیزاننده
role-players	ایفاگران	motivation	انگیزه
faith	ایمان	devastation	انهدام
now	اینک	rays of light	انوار
ambiguity (literature)	ایهام	effort	اهتمام
relying on	با اتکا به	dedicate	اهدا کردن
considering	با احتساب	goals	اهداف
with reference to	با استناد به	organ donation	اهدای اعضای بدن
pointing out	با اشاره به	demon	اهریمن
yet	با این وصف	most important	اهم
with tolerance	با سعه صدر	critical importance	اهمیتی حیاتی
focusing on	با محوریت	mid	اواسط
behalf	بابت	early	اوایل
levy, tax	باج گیری	apex	اوج
pregnant	باردار	peak of popularity	اوج محبوبیت
philosophical load	بارفلسفی	scrap	اوراق کردن
loading	بارگیری	bonds	اوراق مشارکت

fear	باک
in particular	بالاخص
approximating to	بالغ بر
estimate (verb)	بالغ کردن
potential	بالقوه
helicopter	بالگرد
dawn	بامداد
slow lane	باند کندرو
Mafia bands	باندهای مافیایی
banking	بانکداری
founders	بانیان
be believable	باورپذیربودن
misbelief	باورغلط
do's and don't's	بایدها ونبایدها
recorded in archives	بایگانی شدن
middle part	بحبوحه
crisis	بحران
truly	بحق
previous section	بخش پیشین
manufacturing sector	بخش تولید
utility sector	بخش یوتیلیتی
forgiveness	بخشش
circular letter	بخشنامه
forgiveness, charity	بخشندگی
improvisation	بداهه
pessimist	بدبین
ugly	بدچهره
malignant	بدخیم
see off	بدرقه کردن
ill-formed	بدقواره
replica	بدل
change	بدل شدن
beginning of creation	بدوخلقت

Baroque	باروک
anyway	باری
stagnant market	بازارراکد
derivatives market	بازارمشتقه
marketing	بازاریابی
review	بازبینی
be verified	بازبینی شدن
refund	بازپرداخت
reflection	بازتاب
re-reading	بازخوانی
jail	بازداشتگاه
ROI (Return On Investment)	بازدهی
agency inspectors	بازرسان آژانس
inspection	بازرسی
General Inspection Office	بازرسی کل
reconstruction	بازسازی
differentiate, distinguish, tell apart	بازشناختن
reopening (action)	بازگشایی
irrevocable	بازگشت ناپذیر
the retired	بازنشستگان
review	بازنگری
be recovered	بازیابی شدن
actor	بازیگر
leading actor	بازیگرنقش اصلی
supporting actor	بازیگرنقش فرعی
archeological	باستان شناختی
ancient	باستانی
literacy	باسوادی
sport club	باشگاه
pleasant	باصفا
social fabric	بافت اجتماعی

dismissal (person)	برکناری
winning card, bargaining	برگ برنده
translation	برگردان
adapted	برگرفته
choose	برگزیدن
brilliant	برلیان
planning	برنامه ریزی
careful planning	برنامه ریزی دقیق
be program-oriented	برنامه محوربودن
period	برهه
wilderness-like	برهوت گونگی
updates	بروزرسانی
exit	برون رفت
outsourcing	برون سپاری
respect	بزرگداشت
magnifying	بزرگنمایی
banquet	بزم
red handed	بزنگاه
alleged offense	بزه انتسابی
goods for sale	بساط
peddler's stall	بساط دستفروش
as	بسان
bed	بستر
relatives	بستگان
expand	بسط پیدا کردن
suffice	بسنده کردن
very	بسی
stretch of the earth	بسیط زمین
humanitarian	بشردوستانه
caveman	بشرغارنشین
barrel of oil	بشکه نفت
visual	بصری
discerning	بصیر
without turning a blind eye	بدون اغماض
non-stop	بدون وقفه
novel (adj)	بدیع
hereby	بدینوسیله
obvious	بدیهی
seed	بذر
estimate (verb)	برآورد کردن
resultant	برآیند
equality	برابری
overthrowing	براندازی
overthrowing the government	براندازی نظام
provoke	برانگیختن
be held	برپاشدن
establishment	برپایی
superiority	برتری
fort	برج و بارو
tag	برچسب
choose	برچیدن
unlike	برخلاف
forceful encounter	برخورد قهری
interpretation	برداشت
misunderstanding	برداشت غلط
removing the ban	برداشتن ممنوعیت
remove the ban on writing	برداشتن ممنوعیت قلم
slave	برده
purgatory	برزخ
counting	برشماری
windshield wiper	برف پاک کن
snow-prone place	برف گیر
snow removal	برفروبی
establishing peacefulness	برقراری آرامش

بصیرتی	discretionary
بضاعت	financial ability
بطلان	invalidity
بطن	womb
بطن اجتماع	within the community
بعد	dimension
بعد تعالی	exalted dimension
بعد عملیاتی	operational dimension
بعضاً	some
بغرنج	complex
بغض	spite
بقا	survival
بقاع	mausoleums
بقایا	remains
بلااستثناء	unexceptionally
بلاتکلیفی	uncertainty
بلاصاحب	having no owner
بلافاصله	immediately
بلاهت	stupor
بلندپایه ترین	highest ranking
بلندآوازه	famous
بلندپروازی	ambition
بلوط	oak
بلوغ فکری	intellectual maturity
بلوکه	blocked
بمب هسته ای	nuclear bomb
بمباران هوایی	bombardment
بن بست	dead-end
بن مایه	motif
بنا بودن	be supposed to
بنادر	ports
بندها	bands
بنیانگذار	founder
به اتفاق	together with
به اتفاق آرا	unanimously
به اتمام رسیدن	reach completion
به اثبات رساندن	prove
به اجرا گذاشتن	enforce
به اجمال	in brief
به اختصار	briefly
به ارمغان آوردن	bring about (good)
به ازای	for
به اسارت درآوردن	take captive
به استناد	in reference to
به اطلاع رساندن	inform
به اقتضای	due to
به این منوال	in this way
به بارآوردن	bring about (bad)
به بردگی گرفتن	enslave
به پاس	thanks to
به پشتوانه	backed by
به تأخیرافتادن	be delayed
به تأخیرانداختن	postpone
به تبع آن	consequently, as its consequence
به تصویب رسیدن	be approved
به تناسب	according to, relative to
به تناوب	alternating
به توافق رسیدن	come to an agreement
به ثبوت رسیدن	achieve stability
به جرأت	daringly
به چالش کشیدن	challenge (verb)
به خاک وخون کشاندن	destroy
به ذهن خطورکردن	strike one's mind
به رخ کشیدن	brag
به رسمیت شناختن	recognize

به رغم	despite
به رقابت پرداختن	compete
به زعم	according to
به سان	as
به ستوه آمدن	get frustrated
به شکرانه	thanks to
به صراحت	vividly
به صورت تصاعدی	exponentially
به صورت مستمر	continuously
به صورت موازی	in parallel
به طرز مشکوکی	in a suspicious manner
به طرزقابل توجهی	significantly
به طور مستمر	continually
به طوراخص	especially
به طورتفصیلی	in a detailed manner
به طورحتم	certainly
به طورقطع	certainly
به طورناخودآگاه	unconsciously
به طورهمزمان	simultaneously
به عنوان	as
به غایت	extremely
به کرنش واداشتن	elicit respect
به گروگان گرفتن	take hostage
به لحاظ	in terms of
به مثابه	as
به مراتب	by far
به مرور	gradually
به منزله	as
به موازات آن	in parallel with
به میدان رقابت آمدن	to compete
به نحوروبه افزایشی	increasingly
به نحوغم انگیزی	sadly
به نقل از	according to
به نگارش درآمدن	be written
به نوبه خود	in itself
به هلاکت رساندن	kill
به واسطه	by (cause)
به وحشت انداختن	terrorize
به وضوح	clearly
به وفور	in abundance
به یادماندنی	memorable
به یغما بردن	loot
به یغما رفتن	be looted
بها دادن	value (verb)
بهائیان	Baha'is
بهانه	pretext
بهبود	recovery
بهداشت	hygiene
بهره برداری کردن	exploit
بهره گرفتن	take advantage
بهوش	conscious
بهینه	optimum
بودجه	budget
بورس	stock exchange
بورس اوراق بهادار	stock exchange
بوم	canvas
بی اشتهایی	loss of appetite
بی اعتنا	reckless
بی برنامگی	being unorganized
بی پرده	candid, straightforward
بی پروا	fearless
بی پیرایه	unadorned, free-standing
بی تفاوت	indifferent
بی توجهی	inattention
بی حرمتی	disrespect
بی خود	unduly

without ceremony	بی رودربایستی
irregular	بی رویه
unprecedented	بی سابقه
chaotic	بی سامان
derelict	بی سرپرست
dishonesty	بی صداقتی
impartial	بی طرف
inept	بی عرضه
fearless	بی محابا
without content	بی محتوایی
unpaid	بی مزد
direct	بی واسطه
desertification	بیابان زایی
remarks	بیانات
joint statement	بیانیه مشترک
out of place	بیجا
shouting; abound	بیداد کردن
flag	بیرق
secrete	بیرون تراویدن
buy back	بیع متقابل (بای بک)
seclusion	بیغوله
strangers	بیگانگان
diabetes	بیماری دیابت
respiratory diseases	بیماری های تنفسی
contagious diseases	بیماری های واگیر
casualty insurance	بیمه حوادث
interdisciplinary	بینارشته ای
insight	بینش
instrumental insight	بینش ابزاری
unconscious	بیهوش
widow	بیوه
stand	پا برجا بودن
stomping ground	پاتوق
reward	پاداش
garrison	پادگان
safeguards	پادمان
paradigm	پارادایم
Darwinian paradigm	پارادایم داروینی
paramedical	پارامدیکال
honoring	پاس داشتن
safeguard (verb)	پاسداری کردن
heel	پاشنه
insist	پافشاری کردن
envelope	پاکت
cleaning	پاکسازی
refine	پالایش
refinery	پالایشگاه
boarding house	پانسیون
footnote	پاورقی
unending	پایان ناپذیر
terminal	پایانه
be faithful	پایبند بودن
stability	پایداری
monitoring	پایش
base	پایگاه
news agency	پایگاه اطلاع رسانی
Basij bases	پایگاههای بسیج
lasting	پاینده
establishing (noun)	پایه ریزی
tax base	پایه مالیاتی
potentials	پتانسیل ها
petrochemistry	پتروشیمی
distribution; broadcast	پخش
passive defense	پدافندغیرعامل
air defense	پدافندهوایی
godfather	پدرخوانده

visible	پدیدار
phenomenon	پدیده
acceptance	پذیرش
underwriting	پذیره نویسی
full range	پردامنه
passionate	پراحساس
scattered	پراکنده
throw	پرتاب کردن
crowded	پرتردد
with disturbances	پرتلاطم
flag	پرچم
cash payment	پرداخت نقدی
processing	پردازش
high income	پردرآمد
Act 1	پرده اول
unveiling	پرده برداری
rude	پررو
nursing	پرستاری
prestige	پرستیژ
inquirers	پرسشگران
questionnaire	پرسشنامه
personnel	پرسنل
roam	پرسه زدن
personage	پرسوناژ
flight; jump	پرش
pompous	پرطمطراق
full of ups and downs	پرفرازونشیب
prolific; hardworking	پرکار
full of commotion and noise	پرهیاهو
avoid	پرهیز کردن
work permit	پروانه اشتغال
license to make	پروانه ساخت
license	پروانه فعالیت
license to practice law	پروانه وکالت دادگستری
protocol	پروتکل
project	پروژه
process	پروسه
file	پرونده
distress	پریشانی
specialists (medical)	پزشکان متخصص
wither	پژمرده شدن
echo (noun)	پژواک
researcher	پژوهشگر
effluent	پساب
post-market	پسابازار
post-modernism	پست مدرنیسم
perseverance	پشتکار
support (financial)	پشتوانه
supporters	پشتیبانان
fiberglass	پشم شیشه
regret (noun)	پشیمانی
puffed chips	پفک
puff	پک زدن
connecting bridge	پل رابط
escalator	پله برقی
plutonium	پلوتونیوم
filthy	پلید
detective-mystery	پلیسی ـ معمایی
gas station	پمپ بنزین
pumping	پمپاژ
take shelter	پناه گرفتن
thoughts	پندارها
drone	پهپاد
populism	پوپولیسم
boots	پوتین
absurdity	پوچی

پوزخند زدن	sneer, grin
پوزش	apology
پوسته پوسته شدن	flake
پوشاک	clothes
پوشش بیمه ای	insurance coverage
پوشش جامع	comprehensive coverage
پوشش رسانه ای	media coverage
پول خام	raw money
پول واریزکردن	deposit (verb)
پی بردن	find out
پی رنگ	plot (literature)
پی نوشتها	footnotes
پیاپی	consecutive
پیاده رو	pedestrian, sidewalk
پیام آوران صلح	peace messengers
پیام های بازرگانی	publicity
پیامد	consequence
پیامد منفی	negative outcome
پیامدهای ناگوار	adverse consequences
پیامک	text message
پیچ و تاب	turns
پیچیدگی	intricacy
پیرامون	surrounding, around
پیست	ski tracks
پیش بینی	prediction
پیش پرداخت	down payment
پیش داوری	prejudgment
پیش شرط	precondition
پیش فرض	presupposition
پیش نویس	draft
پیش نیاز	prerequisite
پیشامد	happening, event
پیشانی	forehead

پیشبرد	progress
پیشخدمتی	being a servant
پیشخوان	counter
پیشرو	pioneer
پیشکسوت	veteran
پیشگفتار	foreword
پیشگیرانه	precautionary
پیشگیری	prevention
پیشنهادات	suggestions
پیشین	former
پیشینه	background
پیکان	arrow
پیکر	body
پیگرد قانونی	prosecution
پیگیری	follow-up
پیگیری پرونده	following up on the case
پیمانکار	contractor
پیمایش	gauging, scaling
پیوستگی محتوایی	cohesion
پیوند کلیه	kidney transplant
تأثیر بسزا	great influence
تأثیر مخرب	destructive effect
تأثیرگذار	influential
تأسف بار	regrettable
تأسف خوردن	regret (verb)
تأسیس کردن	establish, found
تأسیسات	facilities, bulidings
تأسیسات زیربنایی	infrastructure
تأسیسات هسته ای	nuclear facilities
تأکیدات	emphasis
تألیف	writing
تأمل	contemplation
تأمین	providing

تأمین اجتماعی	social insurance
تأمین شدن	be provided
تأهل	being married
تأویل	interpretation
تأویل پذیر	interpretable
تأیید	confirmation
تأیید صلاحیت فروشنده	confirmation of the seller's competence
تأییدیه	approval (document)
تئاتر	theater
تئولوژیک	theological
تابع قانون	law-abiding
تابناک	bright
تابو	taboo
تاختن	invade
تاراجگران	looters
تارپودی	warp and weft, weft fiber
تارنما	website
تاری	opacity
تاریخ گذشته بودن	be expired
تازگی داشتن	have novelty
تازه ترین نمونه	latest example
تالاب	pond
تالار	Hall
تام الاختیار	plenipotentiary
تاوان	compensation
تب حاد	hot fever
تب وتاب	ardor
تبادل آرا	exchange of ideas
تبادلات	exchanges
تباه کردن	waste
تباهی	ruin
تبصره	note
تبعات	consequences
تبعیت	adherence; subordination
تبعید شدن	be exiled
تبعیض	discrimination
تبعیض آمیز	discriminatory
تبعیض نژادی	racial discrimination
تبلوریافتن	be manifested
تبلیغ	propaganda
تبلیغات چی	publicist
تبهکاران	criminals
تبیین کردن	explain
تپش	pulse, beat
تثبیت	stabilization
تثبیت گر	stabilizer
تجار	merchants
تجارب	experiences
تجارت	commerce
تجارت اسلحه	arms trade
تجاوزات	acts of aggression
تجدید کردن	renew
تجدید نظر	revision
تجربه مدیریتی	management experience
تجربه های شخصی	personal experiences
تجسم	visualization
تجسمی	visual
تجلی قدسی	divine manifestation
تجمع اعتراضی	protest group
تجهیز کردن	equip
تجهیزات	equipment
تجویز کردن	prescribe
تحت الشعاع قرار دادن	overshadow
تحت تعقیب بودن	be wanted by the police
تحت تکفل	dependents

English	Persian
measure, caution (noun)	تدبیر
gradual	تدریجی
obtaining by misrepresentation, hypocracy	تدلیس
compilation	تدوین
reminding	تذکر
written notice	تذکر کتبی
song	ترانه
folk songs	ترانه های فولکلور
upbringing	تربیت
athletics	تربیت بدنی
ear training	تربیت گوش
take into account	ترتیب اثر دادن
simultaneous translation	ترجمه همزمان
preferably	ترجیحاً
provoking compassion	ترحم آمیز
clearance	ترخیص
hesitation	تردید
draw	ترسیم کردن
encourage	ترغیب کردن
trick	ترفند
anti-Turk	ترک تازی
shrapnel	ترکش
herbal compounds	ترکیبات گیاهی
restoration	ترمیم
assassination	ترور
promotion, advancement	ترویج
opium	تریاک
tribune	تریبون
inject	تزریق کردن
hypocrisy	تزویر
leniency	تساهل
capture	تسخیر کردن

English	Persian
movements	تحرکات
editorial (board)	تحریریه
falsifying	تحریف آمیز
sanction	تحریم
divergence	تحزب
admire	تحسین کردن
reservation	تحفظات
realization	تحقق
humiliate	تحقیر کردن
insulting	تحقیرآمیز
investigation	تحقیق و تفحص
analyze	تحلیل کردن
analyst	تحلیلگر
international relations analyst	تحلیلگرروابط بین الملل
analytical	تحلیلی
impose	تحمیل کردن
transformations	تحولات
submit	تحویل دادن
destruction	تخریب
allocate	تخصیص دادن
violation (e.g., of law)	تخطی
violation (e.g., of driving regulations)	تخلف
financial violations	تخلفات مالی
evacuate	تخلیه کردن
estimate, assess (verb)	تخمین زدن
imagination	تخیل
avoidance measures	تدابیر احترازی
measures taken	تدابیراتخاذ شده
interference	تداخل
prepare	تدارک دیدن
associate	تداعی کردن
continuity	تداوم

be composed	تصنیف شدن
approval	تصویب
photography	تصویربرداری
illustration	تصویرگری
air purification	تصویه هوا
conflicting votes	تضارب آرا
weaken	تضعیف کردن
guaranteed	تضمینی
demonstrations	تظاهرات
balance	تعادل
conflicts	تعارضات
definitions	تعاریف
interaction	تعامل
interpretation	تعبیر
adjustment	تعدیل
tariff	تعرفه
widening	تعریض
reasoning	تعقل
chase	تعقیب
be suspended	تعلیق شدن
deliberately	تعمداً
baptism	تعمید
deepening	تعمیق
generalization	تعمیم
commitment	تعهد
decisive (thing)	تعیین کننده
interpretations	تفاسیر
scum	تفاله
understanding (noun)	تفاهم
mutual understanding	تفاهم متقابل
Memorandum of Understanding	تفاهم نامه
differentiate	تفاوت قایل شدن
acceleration	تسریع
cycle (of rebirth)	تسلسل دوار
dominance	تسلط
surrender	تسلیم شدن
Sunnism	تسنن
facilitating	تسهیل
facilities	تسهیلات
banking facilities	تسهیلات بانکی
simile	تشبیه
dispersion	تشتت
diagnosis	تشخیص اولیه
be intensified	تشدید شدن
detailed description	تشریح جزئیات
analyze, describe	تشریح کردن
social formations	تشکل های اجتماعی
student organizations	تشکل های دانشجویی
Iran's military establishment	تشکیلات ارتش ایران
encouragements	تشویقات
Shiism	تشیع
take possession	تصاحب کردن
accidents (cars)	تصادفات
injury-causing crashes	تصادفات جرحی
fatal crashes	تصادفات فوتی
accidental	تصادفی
moving pictures	تصاویر متحرک
correction	تصحیح
tenure	تصدی
library attendant	تصدی کتابخانه
verification	تصدیق
occupation of public lands	تصرف اراضی ملی
reiterate	تصریح کردن
filtration	تصفیه

تفحص	research
تفرجگاه شیطان	devil's promenade
تفرقه	division
تفریط	wastage
تفریغ	liquidation; freeing
تفکر	thought
تفکیک	separation, teasing apart (deverbal noun)
تفویض اختیارات	devolution
تفویض شدن	be forced to abdicate
تقابل	encounter, exchange
تقبیح کردن	denounce
تقدیر	destiny; appreciation
تقدیرنامه	acknowledgement
تقدیم کردن	submit (formal)
تقریبی	approximate
تقلید	imitation
تقلیل دادن	diminish
تقیه	reservation
تک بعدی	one-dimensional
تک نرخی	single rate
تکاپو	prowling
تکثیر	duplication
تکدرخاطر	disappointment
تکذیب کردن	deny
تکفیر	excommunication
تکفیری ها	heretics
تکلم کردن	speak
تکیه	leaning
تکیه گاه	support (someone to lean on)
تلاش	attempt
تلاشگر	activist
تلاقی	confluence
تلخ	bitter
تلخیص شده	summarized
تلفات	fatalities
تلفات جاده ای	road casualties
تلفات جانی	casualties
تلفیق کردن	assimilate
تلفیقی	consolidated
تلقی کردن	treat
تلقین	inculcation
تلنگر	flip
تله فیلم	Tele-film
تلویحاً	implicitly
تم	theme
تماس	contact (noun)
تماس حاصل کردن	contact (verb)
تماشاخانه	theater
تمامیت	totality
تمامیت ارضی	integrity
تمایز قائل شدن	differentiate, distinguish
تمایز گذاشتن	distinguish
تمثیلی	allegorical
تمجید	praise
تمدید شدن	be extended
تمدید مهلت	extending the deadline
تمرکز زدایی	decentralization
تمسخر	ridicule
تمکین کردن	obey
تملک	acquisition of property
تمهید	preparation
تمهیدات عملی	practical arrangements
تمیزکننده ها	detergents
تن آسانی	comfort
تنازعات	conflicts

proportion	تناسب
punishment	تنبیه
radical, extremist	تندرو
decrease (noun)	تنزل
tension	تنش
snacks	تنقلات
poor	تنگدست
bottleneck	تنگنا
variety	تنوع
biodiversity	تنوع زیستی
tinge	ته مایه
cultural invasion	تهاجم فرهنگی
threaten	تهدیدکردن
empty	تهی
excite the audience	تهییج مخاطب
together	توأمان
balance (weight)	توازن
adjusting incomes	توازن درآمدها
agreement	توافق
win-win agreement	توافق برد ـ برد
collective agreement	توافق جامع
agree to	توافق کردن
toilet	توالت
power	توان
productivity	توان تولید
financial ability	توانایی مالی
powerful	توانمند
empowerment	توانمندسازی
artillery	توپخانه
justification	توجیه
justifiable	توجیه پذیر
mass, mob	توده
mass pleasing	توده گرایانه
populism	توده گرایی
tree masses	توده های درختی
farewell (ceremony)	تودیع
steam turbine	توربین بخار
browse	تورق کردن
inflation	تورم
distribution	توزیع
budget distribution	توزیع بودجه
income distribution	توزیع درآمد
distribute	توزیع کردن
unequal distribution	توزیع نابرابر
development	توسعه
sustainable development	توسعه پایدار
quantitative development	توسعه کمی
balanced development	توسعه متوازن
resorting	توسل
resorting to force	توسل به زور
recommendation	توصیه
plot, scheme	توطئه
accomplishments	توفیقات
expectations	توقعات
station, stop	توقفگاه
production	تولید
generating electricity	تولید برق
top producer	تولید کننده برتر
agro-industrial productions	تولیدات کشت وصنعت
delusion	توهم
insult	توهین
circulation	تیراژ
shooting	تیراندازی
thyroid	تیروئید
family and clan	تیروطایفه

جایزه	award
جایزه ادبی	literary prize
جایزه صلح نوبل	Nobel peace prize
جایگاه	station
جایگزین کردن	replace
جبهه مقاومت	resistance front
جبهه ملی	national front
جداره	walls
جداگانه	separate
جدال	battle
جدایی ناپذیر	inseparable
جدول	table
جدیت	enthusiasm
جرأت	courage
جراحی پلاستیک	plastic surgery
جرایم	crimes
جرایم سنگین	serious crimes
جرایم کوچک	petty crimes
جرثقیل	crane (truck)
جرعه	sip
جرقه	spark
جرقه زدن	sparkle
جرقه و بارقه	spark and light
جرم	crime
جریمه شدن	be fined
جزئیات	details
جزم اندیشی	dogmatism
جزمی	dogmatic
جسارت	audacity
جستار	query
جسد	corpse
جسمانی	physical
جشنواره	festival

تیزبین	intricate
تیزبینانه	sharply, cleverly
تیزرتبلیغاتی	teaser trailer
تیشه	ax
تیم ملی	national team
تیمسار	general
تیول	fief
ثباتمند	stable, fixed
ثبت	record (facts and events)
ثبت احوال	registry of births and deaths
ثبت کردن	register
ثروت ملی	national wealth
ثمربخش	fruitful
ثمره	result, fruit
ثواب بردن	receive a blessing
جا خوردن	be surprised
جاخالی دادن	dodge
جاده	road
جاده آسفالت	asphalt road
جاری شدن	flow
جاز	jazz
جاسازی شدن	be installed or embedded
جام جهانی	World Cup
جامع	comprehensive
جامعه شناختی	socio-cognitive
جامعه مدنی	civil society
جامعیت	universality
جامه عمل پوشاندن	implement
جان باختن	die (idiomatic)
جانشین	successor
جانمایی	locating
جاه طلب	ambitious
جاودانه	eternal

جوانه زدن	sprout
جواهرنجومی	astronomical substances
جواهرنشان	bejeweled
جوسازی	propagandizing
جوش زدن	be agitated
جیغ و فریاد	scream and shout
چابک	agile
چارچوب	framework
چارچوب نظری	theoretical framework
چاره	solution
چالش	challenge (noun)
چاه	well
چپ چپ نگاه کردن	give a nasty look
چپاول	plunder
چراغ های روشنایی	headlights
چراغ هدایت	beacon
چرای دام	grazing
چرایی	reason, whyness
چرخه	cycle
چرخه زندگی	samsara, cycle of life
چشم انداز	landscape
چشم پوشی کردن	ignore
چشم غیرمسلح	naked eye
چشمداشت	expectations
چشمگیر	impressive
چک تضمینی	guaranteed check
چنبره	coil
چند صباحی	for a while
چند فقره سرقت	several robberies
چندلایه	multi-layered
چنگ	harp
چه بسا	perhaps
چهارباندە	four lane

جلب رضایت	draw satisfaction
جلسات سیاسی	political meetings
جلوگیری کردن	prevent
جلوه	manifestation
جمال	beauty
جمع بندی نهایی	final conclusion
جملگی	all
جناح های سیاسی	political factions
جنایات بی سابقه هولوکاست	unprecedented crimes of the Holocaust
جنایت ومکافات	crime and punishment
جنایی - پلیسی	detective (literary genre)
جنب وجوش	vibrancy
جنبش	movement (political)
جنبش فکری	intellectual movement
جنبه اجتماعی	social aspect
جنجال	tumult
جنجال آفرینی	dispute causing
جنجال سازی	hype
جنجالی	controversial
جنسیتی	sexual
جنگ نرم	soft war
جهاد	Jihad
جهان سوم	Third World
جهان شناخت	cosmology
جهان شناخت فیزیکی	physical cosmology
جهان غیب	the unseen world
جهانشمول	universal
جهت دهی	giving direction
جهش قیمت ها	price boost
جهل	ignorance
جوابیه	notice (legal, response)
جوانمرد	chivalrous

English	Persian
participation party	حزب مشارکت
familiar sense	حس آشنا
account	حساب
foreign currency account	حساب ارزی
calculated	حساب شده
accounting	حسابداری
envious	حسرت مند
goodwill	حسن نیت
greatness	حشمت
inheritance (legal actions to determine the iheritance)	حصر وراثت
audience, attendees	حضار
gentlemen	حضرات
presence	حضور
significant presence	حضور پررنگ
nadir, lowest point	حضیض
pleasure	حظ
diggers	حفاران
protection, preservation	حفاظت
teaching wage (hourly)	حق التدریس
translation fee	حق الترجمه
people's rights	حق الناس
rights seeker	حق طلب
indisputable right	حق مسلم
legitimacy	حقانیت
rights	حقوق
human rights	حقوق بشر
lawyers	حقوق دانان
civil rights	حقوق شهروندی
inalienable rights	حقوق مسلم
jurist	حقوقدان
legal	حقوقی
custody decree	حکم سرپرستی

English	Persian
domestic realm	چهاردیواری
put up for auction	چوب حراج زدن
gallows	چوبه دار
shepherd	چوپان
polo	چوگان
chips	چیپس
sort, order	چیدمان
domination	چیرگی
overcome	چیره شدن
have importance	حائزاهمیت بودن
occur	حادث شدن
margin	حاشیه
dominate	حاکم بودن
sovereignty	حاکمیت
atmosphere	حال وهوا
imprisonment	حبس تعزیری
legal limit	حد مجاز
quorum	حد نصاب
minimal wage	حداقل حقوق
minimal resources	حداقل منابع
delete	حذف کردن
omissions	حذفیات
security	حراست
professional	حرفه ای
spiral movements	حرکات مارپیچ
regret (noun)	حرمان
respect	حرمت
competitors	حریفان
fire	حریق
arson	حریق عمدی
privacy	حریم خصوصی
party (political)	حزب
coalition party	حزب مؤتلفه

حکمت	wisdom
حکیمانه	wise (action)
حل وفصل شدن	be resolved
حلال	solvent
حلقه گل	wreath
حلقه های فراماسونری	freemasonry circles
حماسه	epic
حمایت	support
حمایت مالی	financial support
حمل اثاثیه	moving
حمل ونقل	transportation
حمله نظامی	military assualt
حوادث	accidents
حوادث سهمگین	horrifying events
حوادث غیرمترقبه	unprecedented events
حواشی	margins
حوزه استحفاظی	protected region
حوزه انتخابی	constituency
حوزه نشر	publishing domain
حوصله	patience, endurance
حیات معنوی	spiritual life
حیاتی	vital
حیرت زده	startled
حیطه	gamut, range
حیله گری	cunning
حین انجام وظیفه	while on duty
خار	thorn
خارش	itching
خاستگاه	origin
خاصیت	property
خاطرنشان کردن	reassure
خاطی	guilty
خاکبرداری	excavation
خالکوبی	tattoo
خالی ازاشکال بودن	be flawless
خانوار	household
خاورمیانه	Middle East
خبره	expert
خجالتی	shy
خدشه ناپذیر	inviolable
خدشه وارد کردن	damage (verb)
خدمات درمانی	health care
خدمت سربازی	conscription
خرخره	mouth, larynx
خردترین	smallest
خرده پاها	smallholders
خرده روایت	short narrative
خرده گرفتن	criticize
خرسند	happy
خزان	autumn
خزانه داری	treasury
خزانه دولت	government treasury
خسارت	damage (noun; physical)
خستگی	fatigue
خسته کننده	boring
خشک کن	dryer
خشکسالی	draught
خشکیدگی	drying out
خشونت	violence
خشونت طلب	violent
خصایل	characteristics
خصمانه	hostile
خصوصی	private
خصوصی سازی	privatization
خط تولید	production line
خط خرچنگ قورباغه	very bad handwriting

خط کش	ruler
خط محیطی	peripheral line
خطا	error
خطاب به	addressed to
خطرات مضاعف	additional risks
خطوط ویژه	special lanes
خفته	dormant
خفقان آور	stifling
خفیف	weak (thing)
خلأ	emptiness, vacuum
خلاصه وار	briefly
خلاف	against (opposing)
خلاف واقع	untrue
خلافت	caliphate
خلافکاری	misconduct
خلاقانه	creative
خلاقیت	creativity
خلجان	agitation
خلع سلاح	disarmament
خلع سلاح کردن	disarm
خلف وعده	breaking a promise
خلفا	caliphs
خلق وخو	temper
خنثی شدن	be neutralized
خواستار	demanding
خواص	properties
خوانش	reading, interpretation
خواننده	singer; reader
خواهان شدن	request
خود درمانی	self-treatment
خودانتقادی	self-criticism
خودباوری	self-esteem
خودبنیاد	self-constructive
خودجوش	spontaneous
خودخواهی	selfishness
خودخوری	worry (noun)
خودرو	automobile
خودساخته	self-made
خودستایانه	self-praising
خودسر	obstinate
خودنمایی	showing off
خورشید تابان	shining Sun
خوش بینانه	optimistic
خوش قلب	good-hearted
خوشایند	pleasant
خوشبینانه	optimistically
خوف	fear
خون دل خوردن	eat one's heart out
خون گرم	warm-blooded
خونین	bloody
خوی پست	lowly behavior
خویشاوندی	kinship
خویشتنداری	restraint
خیاطی	sewing
خیانت	betrayal
خیانت آمیز	treacherous
خیره شدن	stare, gaze
خیره کننده	glaring
خیرین	donors
خیز	jerk
خیل	group
خیل عظیم	a large group
دادخواست	petition
دادرسی	trial
دادسرای انتظامی	martial court
داده ها	data

under criticism	در بوته نقد
in between	در حد فاصل
exposed to the public	در معرض دید همگان
in a nutshell	در یک جمع بندی نهایی
introduction, foreword	درآمد
annual income	درآمد سرانه
income creation	درآمدزایی
tax revenues	درآمدهای مالیاتی
average income	درآمدهای متوسط
oil revenue	درآمدهای نفتی
be isolated	درانزوا قرارگرفتن
in this regard	دراین راستا
in regards to	درباب
court (royal)	دربار
at the onset of	دربدو
encompassing	دربرگیرنده
adopt	درپیش گرفتن
take possession of	درتصرف قراردادن
be in contrast	درتضاد بودن
be in conflict	درتعارض بودن
be constrained	درتنگنا بودن
be written (state)	درج بودن
restricted	درحصار
in the realm of	درحوزه
in the realm of	درحیطه
while	درحین
plane tree	درخت چنار
shine	درخشش
concerning	درخصوص
secretly	درخفا
during	درخلال
apply for divorce	درخواست طلاق کردن
worthy of	درخور
trade	دادوستد
frozen assets	دارایی های راکد
capital assets	دارایی های سرمایه ای
financial assets	دارایی های مالی
pharmacology	داروسازی
diabetes medicine	داروهای دیابت
storytelling	داستان سرایی
claim (noun)	داعیه
bereaved	داغدار
cattle	دام
fueling (idiomaric; to make worse)	دامن زدن به
empirical knowledge	دانش تجربی
encyclopedia	دانش نامه
faculty	دانشکده
associate professor	دانشیار
referee, judge	داور
judgment, arbitration	داوری
volunteer	داوطلبان
establish	دایر کردن
since	دایربه اینکه
secretariat	دبیرخانه
Secretary of the Supreme National Security Council	دبیرشورایعالی امنیت ملی
Secretary General of NATO	دبیرکل ناتو
be deposited	دپو شدن
salt and sand warehouse	دپوی نمک وماسه
interfere	دخالت کردن
manipulation	دخل وتصرف
crypt	دخمه
entry	دخول
involved	دخیل
violent, violently	ددمنشانه

درخورتوجه	significant
درد دل	screed, rant
دردسر	trouble
دردم	instantly
درراستای	in line with
دررنج بودن	suffer
درزکردن	leak
درزمره	amongst
درس حوزوی	seminary course
درستیزبودن	be at war
درصدد برآمدن	intend to
درعرصه	in the realm of
درعین حال	however
درقبال	against (confronting)
درک	perception
درکما فرورفتن	fall in a coma
درکمین بودن	ambush (state)
درگیر بودن	be involved
درلابه لای	in amidst, among
درمان اضطراری	emergency treatment
درمان نازایی	infertility treatment
درمانگاه	clinic
درمعرض بودن	be exposed to
درموعد مقرر	in due time
درنا	crane (bird)
درنظرداشتن	consider (transitive verb)
درنگ	pause
درنوردیدن	surpass
درهم تنیده	intertwined
دروغ پراکنی	spreading lies
درونمایه	theme
دروهله نخست	in the first place
دریادار	admiral
دریافتن	perceive
دریانوردی	sailing
دریای خزر	Caspian Sea
دریچه های قلب	heart valves
دزدان دریایی	pirates
دست از کار کشیدن	stop working
دست انداز	speed bump
دست اندرکاران	officials
دست مریزاد گفتن	say thanks
دست و پا زدن	paddle
دست وپنجه نرم کردن	struggle
دستان پینه بسته	callused hands
دستاورد ملی	national achievement
دستاوردها	achievements
دستبرد زدن	steal
دستبرد مسلحانه	armed robbery
دستبند زدن	handcuff
دستخوش تغییرشدن	undergo change
دستفروش	peddler
دستگاه بخور	humidifier
دستمزد	wage
دستنوشته	manuscript, note
دستورالعمل	instructions
دستورکار	agenda
دستیابی	attainment
دستیار	assistant
دشوار	difficult
دعواها	fights
دغدغه	concerns
دغدغه مند	concerned
دفاتر	offices
دفاع مقدس	sacred defense (Iran-Iraq war)
دقایق	minutes

دکترین	doctrine
دگرگون شدن	alter
دگرگونی بنیادین	fundamental transformation
دل مشغولی	concern
دلائل	reasons
دلال	middleman
دلپذیر	pleasant
دلتنگی	nostalgia
دلچسب	pleasant
دلخراش	irritant
دلخوشی	delight
دلشکن	heart-breaker
دلشوره	anxiety
دلقک	clown
دلمردگی	dejection
دلمشغولی	hobby
دلهره	anxiety
دمخوربودن	associate with someone
دموکراتیزه	democratized
دموکراسی	democracy
دمیدن	blow
دنیای بازیگری	world of acting
دهشتناک	horrendous
دوام	durability
دوبله	dubbed
دوبله پارک کردن	double-park
دودکش	chimney
دورازتحقق بودن	be far from reality
دوران فراغت	free time
دورباطل	vicious cycle
دوربرگردان	U-turn
دوربین های حراست	security cameras
دورزدن	bypass
دورنگی	hypocrisy
دورنما	landscape; perspective
دوره اعتلا	advancement period
دوزخ	hell
دوستی دیرینه	longstanding friendship
دوشادوش	alongside
دوطرفه	bilateral
دوقطبی	bi-polar
دوگانه	twofold
دوگانه سوز	hybrids
دولت سابق	former government
دولتمردان	heads of state
دومرحله ای	two-staged
دیات (دیه)	blood money (pl)
دید تأویلی	interpretive look
دید ویژه	special vision
دیدار	visit
دیدگاه	viewpoint
دیده بان	watchman
دیکتاتوری	dictatorship
دیگ	pot
دینداری	religiosity
دیه	blood money
دیوارنگاری	wall drawings, murals
دیواره آتش	firewall
دیوان دادگستری اروپا	Court of Justice of Europe
دیوان محاسبات	Supreme Audit Court
دیوانه وار	madly
ذات	essence
ذاتاً	by nature
ذخیره	storage
ذکرشده	mentioned

ذمائم اخلاقی	immoralities
ذهنیت	mentality
ذوق زدگی	excitement
ذوق موسیقایی	musical talent
ذومراتب	gradational
ذیل	below
رأس	peak
رأی آوردن	have enough votes
رأی اعتماد	vote of confidence
رأی گیری	polling
رؤسا	bosses, heads, directors
رؤیا	dream
رؤیای شهودی	intuitive vision
رؤیت	vision
رؤیت کردن	see
رئیس انجمن صنفی	president of a guild association
رئیس جمهور	president (of a country)
رئیس دانشگاه	president of the university
رابطه علت و معلولی	cause and effect relationship
راحل	deceased
رادار	radar
رادیکال	radical
راز	secret (noun)
راستی آزمایی	verification
راک	Rock
رانت خواری	rent-seeking
راه اندازی	setup
راه پیش رو	the way forward
راه های انتقال	transmission ways
راهبان	monks
راهکارها	guidelines
راهنمایی رساله	dissertation supervision

رایزن اقتصادی	economic advisor
رایزنی	consultation, counsel
رایگان	free of charge
رباط	ligament
ربودن	steal, rob
رتبه بندی	ranking
رجوع کردن	refer to
رحمانیت	divineness
رخداد	event
رخنه	breach
رخوت	lethargy
رخوتناک	drowsy
ردپا	footstep
رده بندی کردن	classify
ردوبدل شدن	be exchanged
رزمایش	military exercise
رزمنده	warrior
رژه رفتن	parade
رژیم	regime
رژیم وقت	regime of that time
رسالت	prophetic mission
رسانه ملی	national media
رسانه ها	media
رسانه وارتباطات	media and communications
رسوایی	scandal
رسولانه	prophetical
رشته	major
رشد اقتصاد ملی	national economic growth
رشد بیکاری	unemployment growth
رشد درآمدها	earnings growth
رشد سرمایه گذاری	investment growth
رشد فزاینده	increasing growth
رشد محسوس	significant growth

colorful	رنگارنگ
colored	رنگین پوست
rainbow	رنگین کمان
liberate	رهاندن
salvation	رهایی
leader (general)	رهبر
passersby	رهگذران
guidance	رهنمود
approach	رهیافت
declining	رو به زوال
relations	روابط
international affairs	روابط بین الملل
parliamentary relations	روابط پارلمانی
sexual relations	روابط جنسی
public relations	روابط عمومی
method	روال
psycho-cognition	روان شناختی
lubrication	روانسازی
psychoanalytically	روانکاوانه
psychotropic	روانگردان
narrative	روایت
narrator	روایتگر
justifiability	روایی
ribbon	روبان
progress	روبه جلو بودن
kissing	روبوسی
Islamic spirit	روح اسلامی
the clergy	روحانیون
spirit, morale	روحیه
increasing day by day	روزافزون
routine	روزمرگی
journalist	روزنامه نگار
opening, slot	روزنه
negative growth	رشد منفی
bribe	رشوه
observe	رصد کردن
satisfaction	رضایت
consent	رضایت مندی
observance	رعایت
observing safety regulations	رعایت اصول ایمنی
welfare	رفاه
coercive behavior	رفتار زورگویانه
inappropriate behavior	رفتارنابجا
lifting restrictions and imprisonment	رفع حصروحبس
handle	رفع ورجوع کردن
friends	رفقا
free competition	رقابت آزاد
be competitive	رقابت پذیربودن
digit	رقم
assess	رقم زدن
rival	رقیب
frank	رک و پوست کنده
pillar	رکن
recession	رکود
record (in *breaking the record*)	رکورد
record breaker	رکوردشکن
roots	رگ و ریشه
streak	رگه
romantic	رمانتیک
symbolism	رمزپردازی
secrets, mysteries	رموز
suffering	رنج
resentment	رنجش
knave	رند
Renaissance	رنسانس

زبانه کشیدن	flame
زجرآور	tormenting
زحمات	efforts
زخم های کهنه	old wounds
زر	gold
زردآلو	apricot
زرین	golden
زغال سنگ	coal
زغال گیری	charcoal making
زلزله	earthquake
زلزله خیز	earthquake prone
زمامدار	statesman
زمانه	time, period
زمزمه	whisper
زمین خواری	illegal land possession
زمین لرزه های خانمان برانداز	destructive earthquakes
زمینه ساز	ground preparing
زنجیر چرخ	tire chains
زنجیره	chain
زندان	prison
زندگی نباتی	vegetative state
زنده گیری شدن	be captured alive
زوال	decline (noun)
زوایا	angles
زوج های نابارور	infertile couples
زورخانه	traditional gymnasium
زورگویانه	coercive
زورگویی	bullying
زورگیری	fight, beef
زورمند	powerful
زوزه گرگ	howling of wolves
زوم شدن	be focused
روش شناسی	methodology
روش شناسی انتقادی	critical methodology
روش های تشویقی	incentive approach
روکردن اسناد	revealing documents
روند	trend
روند آتی	future trend
روند نزولی	decreasing trend
رونق اقتصادی	economic prosperity
رونق داشتن	flourish (state)
رونمایی	unveiling
رونوشت	copy
رونویسی	copying
رویاپردازی	dreaming
رویارویی	encounter, facing (noun)
رویدادهای خبری	news events
رویش	growth
رویشگاه	habitat (plants)
رویکرد	approach
رویه	procedure
ریخته گری	foundry
ریزش کردن	decrease (verb)
ریزش کوه	landslides
ریزگردها	fine dust
ریسک پذیری	risk taking
ریسک سرمایه گذاری	investment risk
ریشه	root
ریشه کنی	uprooting
رینگ داخلی بازار فیزیکی	inner ring of the physical market
ریه	lung
زایش	birth
زایمان	giving birth
زبان های بومی	indigenous languages

compatible سازگار
organization سازمان
intelligence agency سازمان اطلاعاتی
trade promotion organization سازمان توسعه تجارت
environmental protection organization سازمان حفاظت محیط زیست
Handicraft Organization of Iran سازمان صنایع دستی ایران
taxation and revenue agency سازمان متولی امرمالیات
insurance companies سازمان های بیمه گر
meteorology سازمان هواشناسی
constructive سازنده
structures سازه
mechanism سازوکار
invalidate ساقط کردن
wheat stem ساقه گندم
natives, regional peoples ساکنان بومی
next year سال آتی
anniversary سالروز
calendar سالنامه
order سامان
organizing ساماندهی
system سامانه
centrifuge سانتریفیوژ
car crash سانحه رانندگی
censorship سانسور
cast shadow سایه افکندن
handling cart سبدگردانی
illegal passing سبقت غیر مجاز
style سبک
gratitude سپاس
deposit (noun) سپرده

greed زیاده خواهی
aestheticism زیبا شناسی
estheticism زیبایی شناختی
subzone زیرپهنه
cover زیرپوشش قراردادن
submarine زیردریایی
put under a magnifying glass زیرذره بین قراردادن
substructure زیرساخت
subset زیرمجموعه
sub-orbital زیرمداری
under supervision زیرنظر
ups and downs زیروبم
pitch زیروبمی
bio-environment زیست محیطی
habitat زیستگاه
genre ژانر
profound ژرف
genetic ژنتیکی
former سابق
criminal سابقه دار
realm ساحت
transduction domain ساحت حلولی
transcendent realm ساحت متعالی
construction ساخت و ساز
organizational structure ساختارسازمانی
simple-minded ساده اندیش
simplistically ساده انگارانه
naive ساده دل
simpleton ساده لوح
thieves سارقان
compromise سازش کردن
compromiser سازشکار

سردهندگان شعار	slogan chanters
سرذوق	cheerful
سرریز	overflow
سرزده	unexpected
سرزمین	land
سرسری	perfunctory
سرشار	full
سرشناس	renowned
سرعت مطمئنه	legal speed
سرفصل	syllabus
سرفه	cough
سرقت ادبی	plagiarism
سرکرده	leader (negative connotation)
سرکوبی	suppression
سرگردان	wandering
سرگشتگی	perplexity
سرلوحه	epigraph
سرمایه	capital
سرمایه انسانی	human capital
سرمایه دار	capitalist
سرمایه گذاری	investment
سرمستی	ecstasy
سرمقاله	editorial (article)
سرنا	hornpipe
سرنخ	hint
سرنگ آلوده	contaminated syringe
سرنگونی	collapse
سرود	hymn
سرور	master, chief
سروسرداشتن	have a relationship
سریال های تلویزیونی	TV series
سزا	remuneration
سزاوار	worthy
سپری کردن	spend (time)
ستاد تدابیرویژه اقتصادی	committee on special economic measures
ستایشگر	admirer
سترگ	strong
ستمدیدگان	oppressed
ستودن	admire
ستودنی	admirable
ستیز	quarrel
سخت افزار	hardware
سخت گذر	hard to pass from
سختکوش	hardworking
سخنگو	spokesperson
سخیف	vulgar (e.g., of words)
سد	dam
سد معبر	barrier
سده بیستم	20th century
سر درد	headache
سرآغاز	beginning
سرا	house
سرازیرکردن	decant
سراغ داشتن	know of
سران کشورها	Heads of State
سرایت کردن	transmit
سربسته	secret, coded (adj)
سربلندی	pride
سرپرست	supervisor
سرپرستی	supervision
سرخپوست	American Indian
سردار	commander-in-chief
سردخانه	refrigerator
سردرگمی	bewilderment
سردسته	leader (of a group)

level	سطح
superficial	سطحی
lines	سطور
prosperity	سعادت
human prosperity	سعادت بشریت
tolerance	سعه صدر
ambassador	سفیر
dropped ceiling	سقف کاذب
collapse, fall	سقوط
fall of civilizations	سقوط تمدن ها
steersman	سکاندار
sequence (film)	سکانس
heart attack	سکته
be silent	سکوت کردن
secular democracy	سکولاردموکراسی
secularism	سکولاریسم
inertia	سکون
stray dog	سگ ولگرد
tuberculosis	سل
weapon	سلاح
weapons of mass destruction	سلاح های کشتارجمعی
nuclear weapon	سلاح هسته ای
kings	سلاطین
tastes	سلایق
deprive	سلب کردن
Seljuk	سلجوقی
hierarchy	سلسله مراتب
sultan	سلطان
domination	سلطه
foreign domination	سلطه بیگانه
taste (in something, e.g., decor)	سلیقه
poison	سم
detox	سم زدایی
persistence	سماجت
position, rank	سمت
direction	سمت وسو
idol	سمن
scenario	سناریو
measure (verb)	سنجیدن
reasonable	سنجیده
genesis, authenticity	سنخیت
document	سند
automobile title	سند قطعی سواری
stone inscriptions	سنگ نبشته ها
decorative stones	سنگ های تزئینی
stone carving	سنگبری
covered with stones	سنگفرش
rocky	سنگلاخ
duration of work experience	سنوات
young ages	سنین پایین
stocks (shares)	سهام
factory stock	سهام کارخانجات
quota	سهمیه
unintentional	سهوی
taking advantage, misuse	سوء استفاده
personal abuse	سوء استفاده شخصی
misinterpret	سوء تعبیرکردن
misunderstanding	سوء تفاهم
experience; dossier; data	سوابق
sufficient experience	سوابق کافی
relevant experience	سوابق مرتبط
shores	سواحل
literacy program	سوادآموزی
accidents	سوانح
subjectivism	سوبژکتیویسم

principles	شؤون	fueling (gas)	سوختگیری
alloy	شائبه	profit	سود
template	شابلون	profitability	سودآوری
index, indicator	شاخص	melancholy	سودا
stock exchange index	شاخص کل بورس	surreal	سورئال
attribute (noun)	شاخصه	sponging	سورچرانی
charlatans	شارلاتان	banquet, celebration	سوروسات
poetic	شاعرانه	subject, topic	سوژه
plaintiff	شاکی	souvenir	سوغات
night time	شامگاه	direct, lead (verb)	سوق دادن
worthy to mention	شایان ذکر	mourning	سوگ
competent	شایسته	grain silo	سوله
rumors	شایعات	tsunami	سونامی
round the clock	شبانه روزی	mobile, moving	سیار
phantom	شبح	politics; policy	سیاست
channel	شبکه	ambiguity policy	سیاست ابهام
social networks	شبکه های اجتماعی	open-door policy	سیاست درهای باز
TV channels	شبکه های سیما	bilateral policy	سیاست دو سویه
retina	شبکیه	afflicted by politics	سیاست زدگی
quasi-governmental	شبه دولتی ها	major policy	سیاست عمده
doubts	شبهات	general policies	سیاست های کلی
tree	شجره	list (legal)	سیاهه
individualism	شخص محوری	ascending	سیرصعودی
in person	شخصاً	travel	سیرکردن
legal person	شخصیت حقوقی	downturn	سیرنزولی
real person	شخصیت حقیقی	domination	سیطره
distinctive character	شخصیت ممتاز	uprooting floods	سیل های بنیان کن
academics	شخصیت های دانشگاهی	silo	سیلو
evil (noun)	شر	sim card	سیم کارت
family honor	شرافت خانواده	appearance	سیما
circumstances, conditions	شرایط	cement	سیمان
conditions require	شرایط ایجاب کردن	Hussein's mourners	سینه زنان حسینی
hypothetical situations	شرایط فرضی	ontological position	شأن وجودی

existing circumstances	شرایط موجود
requirements	شرایط مورد نیاز
biographies	شرح احوال
partners	شرکا
partners in crime	شرکای جرم
joint-stock company	شرکت سهامی
participants	شرکت کنندگان
evil (adj)	شرور
conditions	شروط
noble	شریف
slogan	شعار
vulgar slogans	شعارهای عوامانه
branches	شعب
juggler	شعبده باز
branch	شعبه
transparent	شفاف
transparency	شفاف سازی
transparency of information	شفافیت اطلاعاتی
adversity	شقاوت
doubt	شک وشبهه
split	شکاف
complaint	شکایت
grimace	شکلک
torture	شکنجه
flourish (begin to flourish)	شکوفا شدن
complain (noun)	شکوه
glorious	شکوهمند
patience	شکیبایی
wondrous	شگرف
page numbers	شمار صفحات
file number	شماره پرونده
chassis number	شماره شاسی
ID number	شماره شناسنامه
motor number	شماره موتور
icon	شمایل
iconography	شمایل شناسی
gold bullion	شمش طلا
sword	شمشیر
Shamanism	شمنیسم
recognizing symptoms	شناخت علائم
identify	شناسایی کردن
birth certificate	شناسنامه
float	شناوربودن
spying (by overhreaing)	شنود
hideous	شنیع
martyrdom	شهادت
ghost town	شهرارواح
amusement park	شهربازی
municipality	شهرداری
evidences	شواهد
be kidding	شوخی کردن
passion	شور
security council	شورای امنیت
High Council	شورای عالی
Guardian Council	شورای نگهبان
supreme council	شورایعالی
unfortunate	شوربخت
misfortune	شوربختی
passionately	شورمندانه
salt marsh	شوره زار
shock	شوک
reality show	شوی واقع گرایانه
stunt	شیرین کاری
Satan	شیطان
morning shift	شیفت صبح
infatuate	شیفته کردن

صفحه آرایی	page designing, graphics
صلاحدید	discretion
صلح	peace
صلح بین الملل	international peace
صلح جویی	peace seeking
صلوات فرستادن	praise God and the prophet
صمیمانه	sincere
صنایع ادبی	literary elements
صنایع تکمیلی	additional industries
صنایع ثانویه	secondary industries
صنایع دستی	handicrafts
صنعت فیلم سازی	film industry
صنعت نشر	publishing industry
صورت نوعیه	archetype
صورتحساب	bills
صوری	formal
صومعه	monastery
صیانت	protection
صید	hunt, prey
ضابطه مند	rule-governed
ضالمانه	atrocious
ضایعه	loss
ضبط شدن	be recorded
ضداسلامی	anti-Islamic
ضدبشری	against humanity
ضدیهودی	anti-Semitic
ضرایب	coefficients
ضرباهنگ	rhythm
ضربه زدن	strike
ضربه مغزی	brain injury
ضربه مهلک	fatal strike
ضرر	harm
شیمی درمانی	chemotherapy
شیوع بیماری	outbreak of disease
شیوه فعلی	current practices
صاحب نظر	scholar, expert
صاحب نفوذ	influential (person)
صاحبنظران	experts
صادقانه	truthfully
صحت وسقم	verification
صحن علنی مجلس	open court of parliament
صحنه	scene
صحه گذاشتن	seal
صداقت	honesty
صداوسیما	radio and television
صدروذیل	thoroughly
صدق	truth
صدق کردن	apply to
صدمات	damages
صدمه دیدن	be damaged (objects)
صدور	issuance
صدور پروانه نمایش	issuing the license for a play
صدورمجوز	licensing
صراحت	explicitness
صراحتاً	frankly
صرافی	currency exchange
صرف	sheer
صرفنظرازاین که	regardless the fact that
صریح	explicit
صعب العبور	impassable
صعود کردن	ascend
صف	queue
صف آرایی	arrayal of troops
صفات	traits

necessity	ضرورت
probability quotient	ضریب احتمال
tax coefficient	ضریب مالیاتی
enshrine	ضریح
weakness	ضعف
bank guarantees	ضمانت نامه بانکی
guarantee	ضمانتنامه
while	ضمن اینکه
implicit	ضمنی
ego	ضمیر
appendix	ضمیمه
regulations	ضوابط
financial regulations	ضوابط مالی
party	ضیافت
tribalism, clanship	طائفه گری
wear out patience	طاقت طاق کردن
exhausting	طاقت فرسا
peacock	طاووس
medicine of Avicenna	طب ابن سینایی
temperaments	طبایع
warm-tempered	طبع گرم
classification	طبقه بندی
ruling class	طبقه حاکمه
naturally	طبیعتاً
top	طراز اول
freshness	طراوت
detailed design	طرح تفصیلی
circular design	طرح مدور
approved bill	طرح مصوب
development plans	طرح های عمرانی
be rejected	طرد شدن
delicious taste	طعم لذیذ
sarcasm	طعنه
rebel	طغیان کردن
scout	طلایه دار
creditor	طلبکار
Islamic seminary student	طلبه
request	طلبیدن
talisman	طلسم
calmness	طمأنینه
ragged rope	طناب پوسیده
satire	طنز
satirical	طنزآمیز
echo (verb)	طنین انداختن
tribes	طوایف
parrot	طوطی
value range	طیف ارزشی
vast spectrum	طیف وسیع
delicacy	ظرافت
within	ظرف
capacity	ظرفیت
dishes	ظروف
triumph	ظفر
oppression	ظلم وستم
be unable	عاجزبودن
normalization	عادی سازی
mystic	عارفانه
denude	عاری ساختن
set forth	عازم شدن
idle	عاطل و باطل
consequence	عاقبت
universe	عالم هستی
popular	عامه پسند
commonplace	عامی
colloquial	عامیانه
be earned	عاید شدن

Hebrew	عبری
pass (noun)	عبور
antique	عتیقه
hastily	عجولانه
be combined	عجین شدن
seeking justice	عدالت خواهی
lack	عدم
failure to fulfill promises	عدم تحقق وعده
without recourse	عدم توسل
very few	عده قلیل
enemy	عدو
deviation	عدول
apologize	عذرخواهی کردن
realm	عرصه
natural realms	عرصه های طبیعی
display	عرضه کردن
supply and demand	عرضه و تقاضا
custom (social)	عرف
mystic, spiritual	عرفانی
sweat	عرق
mourning	عزاداری
angel of death	عزراییل
dismissal (person)	عزل
removal and installation	عزل و نصب
be determined (people)	عزم جزم کردن
firm resolution	عزم راسخ
departure	عزیمت
depart	عزیمت کردن
lovers	عشاق
cane	عصا
magic wand	عصای جادویی
nervousness	عصبیت
era	عصر
Age of Darkness	عصرظلمت
Age of Renaissance	عصرنوزایی
muscles	عضلات
member	عضو
membership	عضویت
sneeze	عطسه
tenderness	عطوفت
holy	عظیم الشأن
fungal infection	عفونت قارچی
infectious	عفونی
withdraw	عقب نشینی کردن
complex (psychological)	عقده
common sense	عقل سلیم
intuitive intellect	عقل شهودی
reason-oriented	عقل مداری
rational	عقلانی
wisdom	عقلانیت
personal opinion	عقیده شخصی
fail, to stay barren	عقیم ماندن
symptoms	علائم
trademarks	علائم تجاری
signs	علامات
interests	علایق
the only cause	علت تامه
causes	علل
pioneer	علمداران
scientific	علمی
open	علنی
humanities	علوم انسانی
traditional sciences	علوم سنتی
apparently	علی الظاهر
mainly	عمدتاً
performance	عملکرد

appropriate function	عملکرد درست
be put into effect	عملی شدن
surprise operations	عملیات غافلگیرانه
vertical	عمودی
deeply	عمیقاً
malice	عناد
titles	عناوین
element	عنصر
missing element	عنصرمفقوده
title	عنوان
make a pledge	عهد بستن
toll	عوارض
possible complications	عوارض احتمالی
side effects	عوارض جانبی
customs duty	عوارض گمرکی
consequences	عواقب
realms	عوالم
demagoguery	عوام فریبی
factors	عوامل
survival factors	عوامل بقا
profit-seeking agents	عوامل سودجو
reveal	عیان کردن
identically	عیناً
lorgnette	عینک پنسی
objective	عینی
objective (having an objective viewpoint)	عینی نگر
actuality, exactness	عینیت
cave	غار
loot	غارت کردن
goose	غاز
neglect (verb)	غافل شدن
surprise	غافلگیر کردن
end	غایت
sole end	غایت واحد
hazy	غبارآلود
secretory glands	غدد ترشحی
screening	غربالگری
westernization	غربزدگی
intention	غرض
stall, booth	غرفه
drowned	غرقه
defraud in transactions	غش درمعامله کردن
forgiveness (of God)	غفران
neglect (noun)	غفلت
servant	غلام
outburst of social passion	غلیان شوراجتماعی
richness	غنا
visual richness	غنای بصری
enrichment	غنی سازی
unripe grape	غوره
uproar	غوغا
giant	غول
huge	غول پیکر
immoral	غیراخلاقی
non-aristocratic	غیراصیل
nonprofit	غیرانتفاعی
unsafe	غیرایمن
outsider	غیرخودی
be uncompetitive	غیررقابتی بودن
unconstructive	غیرسازنده
impersonal	غیرشخصی
unjust	غیرعادلانه
unavoidable	غیرقابل اجتناب
undeniable	غیرقابل انکار

development process	فرآیند توسعه
OTC (over-the-counter finance)	فرابورس
beyond	فراتر
go beyond	فراتررفتن
summon, call	فراخواندن
vastness	فراخی
tax evasion	فرارمالیاتی
ups and downs	فرازوفرود
projection	فرافکنی
acquire	فراگرفتن
pervasive	فراگیر
meta-textual	فرامتنی
provide	فراهم کردن
destruction process	فرایند تخریب
individualism	فردگرایی
individuality	فردیت
wise (person)	فرزانه
illegitimate child	فرزند نامشروع
grueling	فرساینده
opportunity, chance (positive)	فرصت
opportunity to pause and reflect	فرصت مکث و تأمل
job opportunities	فرصت های شغلی
hypothetically	فرضاً
hypothesis	فرضیه
sect	فرقه
religious sect	فرقه مذهبی
governor	فرماندار
commander	فرمانده
sayings	فرمایشات
formula	فرمول
splendor	فره
rich culture	فرهنگ غنی

non-tangible; not perceived through senses	غیرقابل محسوس
unauthorized	غیرمجاز
unprecedented, unexpected	غیرمنتظره
unsystematic	غیرنظام مند
non-cash	غیرنقدی
unrealistically	غیرواقع بینانه
overcome	فائق آمدن
conqueror	فاتح
catastrophe	فاجعه
catastrophic	فاجعه بار
distinguished	فاخر
free of	فارغ
phase	فاز
corrupt; decayed	فاسد
reveal	فاش کردن
keep one's distance	فاصله گرفتن
city sewage	فاضلاب شهری
agency	فاعلیت
lacking	فاقد
without credibility	فاقد اعتبار
fantasy	فانتزی
foreign financiers	فاینانسورهای خارجی
Fatwas	فتاوی
sedition	فتنه
trouble makers	فتنه گران
conquests	فتوحات
Fatwa	فتوی
content	فحوا
devoted	فداکار
federation	فدراسیون
oil products	فرآورده های نفتی
process	فرآیند

emergency	فوریت ها
above-mentioned	فوق الذکر
extraordinary	فوق العاده
specialty	فوق تخصص
relevant form	فیش مربوطه
filtration	فیلترگذاری
apocalyptic films	فیلم های آخرالزمانی
science-fiction movies	فیلم های علمی ـ تخیلی
consider (intransitive verb)	قائل شدن
successor (high-ranking position)	قائم مقام
notable	قابل اعتنا
thought provoking	قابل تأمل
be justifiable	قابل توجیه بودن
admirable	قابل ستایش
recognizable	قابل شناسایی
comparable	قابل قیاس
cultivable	قابل کشت
tangible	قابل لمس
comparable	قابل مقایسه
transferrable	قابل واگذاری
capability	قابلیت
military capabilities	قابلیت تسلیحاتی
snatch	قاپیدن
human trafficking	قاچاق انسان
enable	قادرساختن
strongly	قاطعانه
mix	قاطی کردن
regulation	قاعده
dictionary, lexicon	قاموس
convincing	قانع کننده
offence	قانون شکنی
codification of law	قانون نویسی
regulatory	قانونمدار
consumption culture	فرهنگ مصرف
collapse	فروپاشی
modesty	فروتنی
be deceived	فریب خوردن
deception	فریبکاری
increasing	فزاینده
corruption	فساد
traditional space and context	فضا وبافت سنتی
preparing the atmosphere	فضاسازی
commercial space	فضای تجاری
cyberspace	فضای مجازی
virtue	فضیلت
nature (person)	فطرت
innate	فطری
be active	فعال شدن
extra-curricular activities	فعالیت های فرادرسی
lack	فقدان
poverty	فقر
jurists (Islamic)	فقها
jaw	فک
plateau	فلات
calamity	فلاکت
infantile paralysis	فلج اطفال
existential philosophy	فلسفه وجودی
heavenly sky	فلک
mortal	فناپذیر
technology	فناوری
skills	فنون
black list	فهرست سیاه
understanding (adj)	فهیم
gaps	فواصل
die	فوت شدن
immediately	فوراً

قبضه سلاح	weapon confiscation
قبضه قدرت	power takeover
قبور	graves
قتل شبه عمد	second degree murder
قتل عام	massacre
قتل عمد	first degree murder
قتل های زنجیره ای	serial killings
قتل های ناموسی	honor killings
قحطی زدگی	starvation
قداست	sanctity
قداست زدایی	desanctify
قدرت خرید	purchasing power
قدرت دفاعی	defensive power
قدردان	appreciative
قدردانی کردن	appreciate
قدرشناسی	gratitude
قدمت	antiquity
قرائت	reading
قرائت کردن	recite, read
قرابت	proximity
قربانی شدن	be a victim, be sacrificed
قرعه کشی	balloting
قرون وسطی	Middle Ages
قریب به	about, approximate
قریب به اتفاق	majority
قریحه	initiative
قزلباش	Qizilbash
قشر	social rank
قشرآسیب پذیر	vulnerable social class
قصبه	borough
قصور	failure
قصور کردن	underperform
قضات	judges
قضاوت	judgment
قضایا	cases
قضیه	case (non-physical)
قطب نما	compass
قطران	tar
قطع عضو	amputation
قطعاً	certainly
قطعات یدکی	spare parts
قطعنامه	resolution
قعر	depth
قلعه تاریخی	historical castle
قلم زدن	write, pen
قلم مو	brush
قلمداد کردن	consider, assume
قلمرو	territory
قلوب	hearts
قلوپ	gulp
قمارباز	gambler
قوام یافتن	solidify
قوز	hump
قوس	arch
قوطی رنگ	paint cans
قول مساعد	favorable quote
قول های داده شده	given promises
قومیتی	tribal
قوه استدلالی	reasoning power
قوه قضائیه	judicial power
قوه مجریه	executive power (government)
قویاً	strongly
قی کردن	throw up
قیافه گرفتن	adopt a look or bearing
قید وبند	shackle
قیراط	carat

کائنات	universe
کابوس	nightmare
کاپیتولاسیون	capitulation
کاتولیک	Catholic
کاخ	palace
کاخ سفید	White House
کادر	cadre
کارآزموده	experienced
کارآفرین	entrepreneur
کارآگاه	detective (person)
کارآمد	efficient
کاراکتر	character
کاربردشناسی زبان	Applied Linguistics
کاربردی	applied
کارت اعتباری	credit card
کارت شناسایی	ID
کارت عبور	pass (card)
کارت هوشمند	smart card
کارخانه صنعتی	industrial factory
کاردار	Charge d'affaires
کارساز	efficient
کارشکنی	sabotage
کارشناس	expert
کارشناسان فنی	technicians
کارفرما	employer
کارفرمایان	employers
کارگزار	correspondent
کارمزد	wage
کارنامه	report card
کاریکاتور	caricature
کاریکلماتور	cartoons expressed through words
کاستی	shortage
کاشف	explorer
کاشی	tile
کالاهای ضروری	essential commodities
کالای لوکس	luxury goods
کالای مدنظر	considered goods
کالایی کمیاب	rare commodity
کالبد	body
کالبد شکافی	autopsy
کان لم یکن شدن	be cancelled
کانون	center; club, focus
کانون وکلا	Bar Association
کاوش	search
کاوشگر	probe
کبد	liver
کپی برداری	copying
کپی رایت	copyright
کتمان کردن	conceal
کثرت	multiplicity
کج فهمی	misunderstanding
کد اقتصادی	economic code
کد رهگیری	tracking code
کد مالکیت	property code
کدبانوگری	housewifery
کدورت	offence, indignation
کرامت	greatness
کرختی	numbness
کرسی دانشگاه	university chair
کرم های ضد قارچ	antifungal creams
کسب	receiving
کسب وکار	business
کسری	deficit
کسری بودجه	budget deficit
کسل کننده	boring
کش آمدن	stretch

quantity and quality	کم وکیف
even though	کما اینکه
still	کماکان
shortage	کمبود
campaign	کمپین
outreach	کمک رسانی
first aid	کمک های اولیه
communism	کمونیسم
quantitative	کمی
research committee	کمیته تحقیق
criminal cases committee	کمیته مصادیق مجرمانه
special committee	کمیته ویژه
planning and budget commission	کمیسیون برنامه و بودجه
ambush	کمین کردن
resignation	کناره گیری
brake control	کنترل ترمز
seclusion	کنج عزلت
curiosity	کنجکاوی
slow	کند
congress	کنگره
UNESCO Conventions	کنوانسیون های یونسکو
galaxy	کهکشان
old age, senility	کهولت
pounding	کوبنده
abridged	کوته نوشته
miniaturization	کوچک سازی
narrow alleys	کوچه پس کوچه ها
chemical waste	کود شیمیایی
coup d'état	کودتا
purse snatching	کیف قاپی
qualitative	کیفی
top quality	کیفیت ممتاز
conflict	کشاکش
agriculture	کشاورزی
farm, field	کشتزار
ocean-going vessels	کشتی اقیانوس پیما
Greco-Roman wrestling	کشتی فرنگی
price discovery	کشف قیمت
discoveries	کشفیات
raisin	کشمش
biologic conflicts	کشمکش های بیولوژیک
priest	کشیش
applaud	کف زدن
disbelieve	کفر ورزیدن
flooring	کفسازی
coking	کک سازی
briefing sessions	کلاس های توجیهی
extra-curricular classes	کلاس های فوق برنامه
Classical	کلاسیک
enormous	کلان
megacity	کلانشهر
helmet	کلاه ایمنی
fraud	کلاهبرداری
cap	کلاهک
trick and deception	کلک وحقه
collector	کلکسیونر
old house to be demolished	کلنگی
cliché	کلیشه
kidney	کلیه
of little importance	کم اهمیت
thin, sparse	کم پشت
inexperienced	کم تجربه
lack of attention	کم توجهی
impatience	کم حوصلگی
having few worries	کم دغدغگی

selection of stories	گزیده داستان	revenge taking	کین خواهی
alternative	گزینه	grudge	کینه
rudeness	گستاخی	revenge taking	کینه توزی
extensive	گسترده	cosmos	کیهان
expansion	گسترش	stove	گازخوراک پزی
uncontrolled expansion	گسترش بی رویه	gas distribution	گازرسانی
fault line	گسل	gas suffocation	گازگرفتگی
opening (deverbal noun)	گشایش	take a giant step	گام بلند برداشتن
secret dialogues	گفت وگوهای محرمانه	cowboy	گاوچران
nuclear dialogues	گفت وگوهای هسته ای	chat	گپ زدن
speeches	گفتارها	fuse, smelt	گداختن
colloquial	گفتاری	impermanent	گذرا
grapple	گلاویزبودن	passage of life	گذران عمر
complain (intransitive verb)	گلایه داشتن	passage of time	گذرزمان
herd	گله	forgive	گذشت کردن
grumble	گله کردن	graffiti	گرافیتی
complaining	گله مندی	valuable	گرانمایه
disorientation	گم گشتگی	orientation	گرایش
be appointed	گمارده شدن	tend, be inclined	گرایش پیدا کردن
suspicion	گمانه	loan translation	گرته برداری
mislead	گمراه کردن	whirlpool	گرداب
customs (office)	گمرک	tourism	گردشگری
anonymous	گمنام	mountain pass	گردنه
sin	گناه	leg cramps	گرفتگی پا
dome	گنبد	hostage-taking	گروگانگیری
include, fit, jam	گنجاندن	choir	گروه کر
capacity	گنجایش	national-religious party	گروهک ملی ـ مذهبی
fit	گنجیدن	escape	گریز
treasure	گنجینه	elusive	گریزپا
certificates of deposit	گواهی های سپرده بانکی	cry	گریستن
driver's license	گواهینامه	makeup	گریم
pit	گودال	reporter	گزارشگر
excavation	گودبرداری	selected	گزیده

گورستان	graveyard
گوش درد	earache
گوشی تلفن همراه	cell phone
گونه نادر	rare species
گویا	communicative, clear
گویی	as though
گیشه	box office
لائیک	secular
لابی های تندرو	extremist lobbies
لاجرم	necessarily; therefore
لازم الاجرا	binding
لاشه	carcass
لامپ کم مصرف	low usage lamp
لایحه	bill (law)
لایروبی	dredging
لایه	layer
لجاجت	obstinacy
لجوج	stubborn
لحن	tone
لزوم	necessity
لشکر	army
لطافت	elegance
لطمه خوردن	be damaged
لطمه زدن	damage (verb)
لعنت کردن	curse
لغایت	until
لغزنده	slippery
لغوشدن	be cancelled
لمس	touch
لهستان	Poland
لوا	banner
لوازم التحریر	stationary
لوازم گرمایشی	heating appliances
لوکیشن	location
لیکن	yet
مأموران	officials
مأموریت	mission
مأوا	refuge
مؤثر	efficient, effective
مؤلف	author
مؤلفه	component
مؤید	confirmed
ما به ازا	substitute
مابقی	remaining, rest
ماجرا	adventure
ماحصل	outcome
مادام العمر	lifetime
مادرانگی	motherhood
ماده	material
ماده افلاک	heavenly matter
ماده الطف	subtler matter
ماده قانون	article of the constitution
ماده لطیف	subtle matter
مارکسیسم	marxism
ماری جوانا	marijuana
مازاد	surplus
ماشین آلات	machinery
مافیا	mafia
مال	possession, belonging
مالخر	second hand goods dealer
ماندگار	lasting
مانع	obstacle
مانع تراشی کردن	impede
مانع شدن	prevent
مانوردادن	maneuver
ماهواره	satellite

ماهیت	nature
مایحتاج ضروری	essential supplies
مایل	inclined
مباحث	discussions
مبادرت کردن	embark on
مبادله کردن	exchange (verb)
مبادی	bases
مبارز	combatant
مبارزه مسلحانه	armed combat
مبالغ	amounts
مبالغی هنگفت	large sums
مبانی	bases
مبانی نظری	theoretical bases
مبتذل	vulgar (e.g., of pictures or films)
مبتکرانه	innovative
مبتلایان	people with a disease
مبتنی بر	based upon
مبتنی بودن	be based on
مبدأ	source, origin
مبدع	originator
مبدل کردن	transform
مبری	innocent (legal)
مبلغ پیشنهادی	suggested price
مبین	indicator
متافیزیک	metaphysic
متانول پتروشیمی	petrochemical methanol
متبرک	blessed
متجلی شدن	be manifested
متحدان	allies
متحمل شدن	endure
متحول شدن	be transformed
متخلف	delinquent
متدین	religious
متذکر شدن	remind
مترمکعب	cubic meters
متروکه	abandoned
متشکل از	composed of
متصورشدن	be assumed
متضاد	antonyms
متضرر	harmed
متعارف	conventional
متعاقباً	consequently
متعلق بودن	belong
متعهد	committed
متفرقه	miscellaneous
متفکران	intellectuals
متقاضیان	applicants
متقلبانه	dishonestly
متکفل	supporter
متکی بودن	be dependent
متلاشی شدن	disintegrate
متناسب	proportional
متناقض	inconsistent
متنزع	wrestled
متواضع	modest
متوالی	consecutive
متوسط	average
متوسل شدن	resort to
متوفی	deceased
متوقف کردن	stop
متولی	trustee
متولیان امر	those in charge
مثمرثمر	effective
مجادله سیاسی	political debate
مجاری	tracts
مجاز	legal, acceptable

مجازات	punishment, sentence (legal)
مجازبودن	be allowed to
مجال	opportunity, chance (negative)
مجامع	circles
مجامع بین المللی	international circles
مجاهدت	effort
مجدد	again (adj)
مجدداً	again (adv)
مجرا	duct
مجرب	experienced
مجرمیت	guilt, culpability
مجریان	executors
مجزا	separate
مجسمه	statue
مجسمه ساز	sculptor
مجلد	volume
مجمع	assembly
مجمع تشخیص مصلحت نظام	Expediency Council
مجهز	equipped
مجوز	license
محاصره	siege
محافظه کار	conservative
محافل سیاسی	political circles
محافل علمی ودانشگاهی	academic circles
محاق	wane of the moon
محال	impossible
محتاطانه	cautiously
محتوا	contents
محجبه	veiled
محدودیت	restriction
محدودیت آفرینی	causing limitations
محدودیت های اجتماعی	social constraints
محرز	confirmed, obvious
محروم	deprived
محرومان	destitute
محرومیت	deprivation
محسوب شدن	be considered
محصور	surrounded
محصور کردن	enclose
محصولات آرایشی و بهداشتی	sanitary and cosmetic products
محصولات چرمی	leather products
محفظه	case; box
محقق شدن	be realized
محک	criterion
محکمه	court (legal)
محل وقوع	place of occurrence
محلات فقیرنشین	poor neighborhoods
محموله	shipment
محورهای ارتباطی	roads
محوریت	centrality
محوشدن	disappear
محول شدن	assigned to
محیط	environment
مخابرات	communication
مخارج	expenses
مخازن نمک وماسه	salt and sand tanks
مخاطب سازی	addressing
مخاطرات	dangers
مختار	having the option
مختص	specific
مختل ساختن	disturb
مختل کردن	disturb
مختلط	mixed
مختومه شدن	come to an end, be concluded

مخدوش	altered
مخرب	destructive
مخزن	tank
مخزن سوخت	fuel tank
مخفی	hidden
مخفیگاه	hiding place
مخل	disruptive
مخمصه	predicament
مخوف	frightening
مداحان	panegyrist
مداحی	eulogy
مداخله گری	intervention
مدارج تحصیلی	academic achievement
مدارک تکمیل شده	completed documents
مدارک خودرو	vehicle documents
مدال	medallion
مداوا	cure
مدبر	skillful
مدد گرفتن	get help
مدرک کارشناسی	Bachelor degree
مدرک گرا	degree-oriented
مدعوین	invitees
مدعی العموم	public prosecutor
مدعی شدن	claim (verb)
مدل های زن	female models
مدنی	civil
مدیرپروژه	project manager
مدیرعامل	managing director
مدیرمسؤول روزنامه	newspaper manager
مدیریت	management
مدیریت شناور	float management
مدیون بودن	be indebted to
مذاق	taste, relish (noun)
مذاکرات	negotiations
مذاکرات آتی	future negotiations
مذاکره معنی دار	meaningful negotiation
مذموم	inappropriate
مرئی	visible
مراتب	circumstances
مراتع	fields
مراجع ذی صلاح	authorities
مراجعات	references
مراجعه کردن	refer to
مراحل	stages
مراد	purpose
مراسم تجلیل	appreciation ceremony
مراسم تدفین	burial rituals
مراسم کفن ودفن	burial ceremony
مراسم معارفه	introduction ceremony
مراسم یادبود	memorial ceremony
مراکز گردشگری	tourist centers
مراکزآموزش عالی	higher education centers
مراکزمعاینه فنی خودروها	vehicle inspection centers
مرام	ideology
مراوده	relationship
مربی	trainer
مربیگری	coaching
مرتبط	related
مرتبه مادی	material degree
مرتبه نازله	lesser degree
مرتفع کردن	obviate
مرتکبین	perpetrators
مرحوم	deceased
مرخصی	leave of absence
مرخصی زایمان	maternity leave
مرد رؤیاها	man of one's dreams

great responsibility	مسئولیت خطیر
issues	مسائل
area	مساحت
favorable	مساعد
aid	مساعدت
assistance (financial)	مساعده
efforts	مساعی
peaceful	مسالمت آمیز
precedent	مسبوق به سابقه
tenant	مستأجر
hidden	مستتر
be an exception	مستثنا بودن
strong	مستحکم
be refunded	مسترد شدن
financial advisor	مستشارمالی
resignee	مستعفی
settle	مستقرشدن
direct (adj)	مستقیم
required	مستلزم
proofs	مستندات
documentation	مستندسازی
enchanted	مسحور
subjected	مسخر
ridiculous	مسخره
ridiculousness	مسخره بازی
closure	مسدودسازی
armed	مسلح
dominant	مسلط
ideology	مسلک
food poisoning	مسمومیت
high-ranking official	مسند دار
GPS	مسیریاب
similar	مشابه

marsh	مرداب
democracy	مردم سالاری
people-oriented	مردم مدار
bordering	مرزبندی
intimidated	مرعوب
seagull	مرغ دریایی
mockingbird	مرغ مقلد
desirable	مرغوب
statistics center	مرکز آمار
international conference center	مرکزهمایشهای بین المللی
gradual death	مرگ تدریجی
brain death	مرگ مغزی
deadly	مرگبار
repair	مرمت
marble	مرمر
mysterious	مرموز
balm	مرهم
temperament	مزاج
intruder	مزاحم
harassment by telephone	مزاحمت تلفنی
farms	مزارع
advantages	مزایا
advantages and disadvantages	مزایا ومعایب
public auction	مزایده عمومی
aforementioned	مزبور
wage earners	مزدبگیران
labor	مزدوری
taste (verb)	مزه مزه کردن
advantage	مزیت
high-ranking officials	مسؤلان ارشد
ask	مسئلت نمودن
officials	مسئولان

مشاجره	dispute
مشاراليه	he, she, the addressee
مشاراليهم	they (legal)
مشارکت	partnership
مشارکت عموم مردم	public participation
مشاغل	jobs
مشاوره	counseling
مشاوره حقوقی	legal counseling
مشاوروزیرصنعت	advisor to minister of industry
مشتری	client
مشتق شدن	be derived
مشحون	full
مشروبات الکلی	alcoholic drinks
مشروح	detailed
مشروط	conditional
مشروطه	constitution
مشروعیت	legitimacy
مشفقانه	compassionately
مشقت	hardship
مشکلات تنفسی	respiratory problems
مشکلات زناشویی	marital problems
مشمول	draftee
مشی	behavior
مصاحبه	interview
مصادره	confiscation
مصادف با	coinciding with
مصادیق	instances
مصارف	uses
مصاف	battle
مصایب	sufferings
مصداق	representation
مصدومان	the injured
مصدومان فرضی	hypothetical injured
مصرف بهینه	efficiency
مصرف گرایی	consumerism
مصروف	used
مصلحان	reformers
مصلحت	goodwill, right thing to do
مصمم	decisive (person)
مصنفات	writings
مصوبات	approved laws or regulations
مصور	illustrated
مصونیت	immunity
مضاعف کردن	intensify
مضامین	contents
مضایق	hardships
مضحکه	mockery
مضطرب	worried
مضمون	content
مطابق	according to
مطابق روال	as usual
مطالب	subjects
مطالبات	claims
مطالبات معوق	overdue receivables
مطالبه مالیات	tax collection
مطالعات تطبیقی	comparative studies
مطامع	desired objects
مطبوعات	the press
مطروحه	posed
مطرود	abandoned
مطلق	absolute
مطلوب	desired
مطلوب بودن	be desirable
مطمئناً	certainly
مظهرراستین	true manifestation

contractual teachers	معلمان پیمانی
tenured teachers	معلمان رسمی
architect	معمار
architect of the universe	معمارعالم هستی
semantics	معنا
loss of meaning	معنا باختگی
spirituality	معنویت
replaced	معوض
deferred debts	معوقات
living	معیشت
contrast	مغایرت
nutritious	مغذی
one-sided, meanly	مغرضانه
frowned upon	مغضوب
neglected	مغفول
figures	مفاخر
contents	مفاد
concepts	مفاهیم
honored	مفتخر
resort	مفر
fun	مفرح
extreme	مفرط
elaborate	مفصل
missing in action	مفقود الاثر
be lost	مفقود شدن
general concept	مفهوم عام
confronting; comparison	مقابله
contemporary with	مقارن با
sections, levels	مقاطع
preschool and elementary levels	مقاطع آمادگی وابتدایی
high-ranking officials	مقامات عالی رتبه
low position	مقامی پست
resistance	مقاومت
nevertheless	مع الوصف
passages	معابر
equivalent	معادل
coal mines	معادن زغال سنگ
opponents	معارضان
introducing people to each other	معارفه
socializing	معاشرت
tax exemption	معافیت مالیاتی
treaty	معاهده
exchange (noun)	معاوضه
deputy	معاون
deputy general	معاون کل
assistance	معاونت
disadvantages	معایب
valid	معتبر
moderate (genral)	معتدل
protesters	معترضان
miner	معدنچی
be put to sleep	معدوم شدن
indicator	معرف
knowledge, insight, wisdome	معرفت
purely intellectual	معرفتی
definite	معرفه
innocent (sinless)	معصوم
innocence	معصومیت
difficulty	معضل
social problem	معضل اجتماعی
problems	معضلات
focused	معطوف
focus	معطوف کردن
honorable	معظم
wise (person, action)	معقول
be suspended	معلق شدن

obliged	ملزم
administrative requirements	ملزومات اداری
be declared cancelled	ملغی اعلام شدن
ownership	ملکیت
tangible	ملموس
melodrama	ملودرام
melody	ملودی
oil nationalization	ملی شدن نفت
slaves	ممالیک
prevention	ممانعت
privileged	ممتاز
examiner	ممتحن
filled with	مملو
banned from leaving the country	ممنوع الخروج
banned from publishing	ممنوع القلم
sealed	ممهور
be sealed	ممهورشدن
auditor	ممیز
audit	ممیزی
conflicts	منازعات
relations; occasions	مناسبات
occasion	مناسبت
regions	مناطق
poor areas	مناطق محروم
views, scenes	مناظر
debate	مناظره
advantages, benefits	منافع
conflicts	مناقشات
calling for bids	مناقصه
munificent	منان
deduced	منتج
elected	منتخب
acceptability	مقبولیت
authoritatively	مقتدرانه
circumstances	مقتضیات
significant amount	مقدار قابل توجهی
sacred	مقدس
introduction	مقدمه
regulations	مقررات
be determined	مقررشدن
fixed	مقطوع
defeated	مقهور
categories	مقولات
category	مقوله
nourishing	مقوی
scale	مقیاس
bind	مقید کردن
western schools	مکاتب غربی
generosity	مکارم (مکرمت)
revelation	مکاشفه
public place	مکان عمومی
discount mechanism	مکانیسم تخفیفی
school	مکتب
school of thought	مکتب فکری
repeated	مکرر
respectable	مکرم
discovered	مکشوف
sufficient	مکفی
be obliged	مکلف شدن
supplement	مکمل
suck	مکیدن
rebuke	ملامت
nation	ملت
fervent	ملتهب
swell	ملتهب کردن

منتسب کردن	attribute (verb)
منتصب	appointed
منتفی شدن	be canceled
منتها	yet
منتهی	leading to
منجرشدن	lead to
منجی دنیا	savior of the world
منحرف	deviated
منحصر به	exclusive to
منحصراً	exclusively
منحط	decadent
منحل شدن	be dissolved
مندرج	inserted
مندله	mandala
منزجرشدن	abhor
منزلت	esteem
منزلگاه	residence
منزه	pure (person)
منزوی	isolated
منشاء	origin
منشور	charter
منشی	secretary
منصرف شدن	give up
منصفانه	fair
منصه	exhibition
منصوب کردن	appoint
منطبق	coincident
منطق اسلامی	Islamic logic
منطق مداری	logic-centeredness
منطقه	region
منطقه خلیج فارس	Persian Gulf region
منطقی	logical
منظر	perspective
منظومه فکری	intellectual system
منع	ban
منعطف شدن	be flexible
منعقد کردن	conclude a contract
منعکس کردن	reflect
منفرد	solitary
منفعت	advantage, benefit
منفعل	passive
منفعلانه	passively
منفک	separated
منفور	detested
منقبض کردن	contract; condense
منقول	moveable
منکرشدن	deny
منوط به	subject to
منوط بودن	depend
منویات	intentions
مهار	harness
مهار حریق	containment of fire
مهارکردن	bring under control
مهجور	obsolete
مهروامضاء کردن	sign and seal
مهرورزی	loving
مهلت	deadline
مهمات	ammunition
مهماندوست	hospitable
مهمل	nonsense
مهیا شدن	be provided
مهیج	exciting
مواجه شدن	encounter (verb)
مواجهه	confronting
مواد اولیه	ingredients
مواد سوختی	fuel

perishable materials	مواد فاسد شدنی
parallel	موازی
regulations	موازین
Sharia standards	موازین شرعی
positions	مواضع
times	مواقع
births	موالید
obstacles	موانع
blessings	مواهب
creator; created	موجد
existence	موجودیت
be evaluated	مورد ارزیابی قرارگرفتن
be contested	مورد اعتراض قرارگرفتن
be praised	مورد تعریف و تمجید قرارگرفتن
be admired	مورد تقدیرقرارگرفتن
be neglected	مورد غفلت قرارگرفتن
explore	مورد کنکاش قراردادن
complain (transitive verb)	مورد گلایه قراردادن
under dispute	مورد مناقشه
reliable	مورد وثوق
hereditary	موروثی
underground music	موسیقی زیرزمینی
meticulous	موشکافانه
position, status	موضع
choose sides	موضع گیری کردن
obliged, duty-bound	موظف
be obliged to	موظف بودن
deadline (designated time)	موعد مقرر شده
temporary	موقت
endowments (lands)	موقوفات
client of a lawyer	موکل
be postponed	موکول شدن
generator	مولد
born, generated	مولود
blessing	موهبت
large grape	مویز
lament	مویه کردن
squares	میادین
midlife	میانسالی
average (math)	میانگین
moderation	میانه روی
moderate (person, political party)	میانه گرا
political meeting	میتنگ
national convention	میثاق ملی
field	میدان
heritage	میراث
inheritor	میراث دار
roundtable	میزگرد
deviation (rate change)	میزان تغییرات
damage rate	میزان خسارت
import rate	میزان واردات
host	میزبان
negotiation table	میزمذاکره
feasible	میسر
condensation	میعان
gas condensates	میعانات گازی
shrimp	میگو
eat	میل کردن
land mine	مین
miniature	مینیاتور
uninvited guest	میهمان ناخوانده
home country	میهن
pure (thing)	ناب
infertility	ناباروری
gender differences	نابرابری های جنسی
impatience	نابردباری

نابسامان	unorganized
نابسامانی ها	disorder, chaos
نابودی	destruction
ناچاری	Hobson's choice, no alternatice
ناچیز	little
ناخن	nail
نادیده انگاشتن	ignore
نادیده گرفتن	ignore
نارسا	insufficient
ناروا	unjust
نازل	revealed
نازنین	dear
نازی ها	Nazis
ناشایست	inappropriate
ناشر	publisher
ناصواب	impious act
ناظر	supervisor; overseer; observer
ناف	navel
ناقص	incomplete
ناقضین	violators
ناکارآمد	inefficient
ناکام ماندن	fail
ناگزیر	inevitable
ناگوار	unpleasant
ناله	moan (noun)
نالیدن	moan (verb)
نام مستعار	alias
نامدار	famous
نامربوط	irrelevant
نامزد اسکار	Oscar nominee
نامزدی اسکار	Oscar nomination
نامستحکم	unstable
نامشروع	illegitimate
نامگذاری	naming
ناملموس	non-tangible
ناموجه	unjustifiable
نامی	famous
نامیمون	inauspicious
ناهنجار	abnormal
ناو	battleship
ناوشکن	destroyer
ناوگان	fleet
نایاب	rare
نایب	deputy
نبرد	battle
نبض	pulse
نبود	lack
نبوغ	genius
نت نویسی	composing music
نجومی	astronomical
نجیب زادگان	nobles
نحو	syntax
نحوه استفاده	method of use
نحوه چینش	way of ordering
نحوه درمان	method of treatment
نحیف	weak (person)
نخ نما	shabby; apparent
نخبگان	elite
نخست وزیر	prime minister
نخواندن دخل وخرج	not meeting ends
نخود	chickpeas
نرخ برابری	exchange rate
نرخ بیکاری	unemployment rate
نرخ تورم	inflation rate
نردبان	ladder
نرم افزار	software

نظریه پرداز	theoretician
نعره زدن	blurt out
نعمت	blessing
نفاخ	flatulent
نفت کش	oil tanker
نفرت	hatred
نفوذ	influence
نفوذ اطلاعاتی	spying (by penetrating in the information system)
نفوذ پذیری	permeability
نفیس	exquisite
نقاب	mask
نقاد	critic
نقاط قوت	strong points
نقایص	defects, shortcomings
نقب	burrow
نقد	critique
نقدشوندگی	liquidity (ability)
نقدی	cash (adj)
نقدینگی	liquidity
نقرس	gout
نقش آفرینی	role-playing
نقش آفرینی کردن	play a role
نقش برآب شدن	be revealed
نقش سازنده	constructive role
نقض	violation (e.g., of human rights)
نقض صریح	explicit violation
نقض کردن	violate
نقطه عطف	milestone
نقطه نظر	viewpoint
نقل کردن	quote
نقل مکان کردن	move
نقل و انتقال ارز	currency transfers
نزاع	conflict, fight
نزولی	descending
نژادپرستی	racism
نژادی	racial
نسخه	prescription; copy
نسخه پیچی	prescribing
نسل	generation
نسل سوخته	burnt (wasted) generation
نشأت گرفته	derived from
نشاط	joy
نشاط آور	antidepressant
نشاندهنده	representative
نشانه رفتن	aim at
نشانه شناس	symbologist
نشست امنیتی	security meeting
نشست خبری	press conference
نشو ونما یافتن	grow
نصب دوربین	camera installation
نصب کردن	install
نصرت	victory
نظارت	supervision
نظارت تام و تمام	full supervision
نظارت راهبردی	strategic supervision
نظاره گر	observer
نظام	system
نظام اداری	administrative system
نظام بودجه ریزی	budgeting system
نظام خورشید مرکزی	heliocentric system
نظامی	military
نظرات اصلاحی	comments for revision
نظرسنجی	poll
نظری	theoretical
نظریه	theory

the genius	نوابغ
play a musical instrument	نواختن
ECG	نوارقلب
instrumentalist, musician	نوازنده
defects	نواقص
toddler	نوپا
volatility fund	نوسان بازده صندوق
foreign exchange fluctuations	نوسانات ارز
newfound	نوظهور
humanitarianism	نوع دوستی
amateur	نوکار
children	نوگلان
promise (noun)	نوید
intentions	نیات
urgent need	نیاز فوری
classified	نیازمندیها
invocation	نیایش
deception	نیرنگ
expeditionary forces	نیروهای اعزامی
work force	نیروی کار
Air Force	نیروی هوایی
spear	نیزه
benefactors	نیکوکاران
reaching	نیل به
inchoate	نیمه تمام
nihilism	نیهلیسم
dependence	وابستگی
aftermost	واپسین
having the requirements	واجد شرایط
operations	واحد عملی
force	واداشتن
upside down	وارونه
cash deposit	واریز نقدی
failures	نقیصه
point to consider	نکته قابل تأمل
indefinite	نکره
blame	نکوهش کردن
painting	نگارگری
write	نگاشتن
critical look	نگاه نقادانه
worrying	نگران کننده
worry, anxiety (noun)	نگرانی
attitude	نگرش
look (verb)	نگریستن
symbol	نماد
symbolist	نمادگرا
visible	نمایان
musicals	نمایش های موزیکال
exhibition	نمایشگاه
playwright	نمایشنامه نویس
members of parliament	نمایندگان مجلس
aspect	نمود
sampling	نمونه برداری
institution	نهاد
agricultural inputs	نهاده های کشاورزی
non-governmental organizations (NGOs)	نهادهای غیردولتی
be established	نهادینه شدن
sapling	نهال
extremity	نهایت
finally	نهایتاً
be finalized	نهایی شدن
national movement	نهضت ملی
hidden	نهفته
be hidden	نهفته بودن
innovation	نوآوری

واریزکردن	deposit (verb)
واژگان	words
واژگون شدن	be capsized
واسطه ها	intermediaries
واسعه	extensive, broad
وافر	abundant
واقع	located
واقع بودن	be located
واقع بینانه	realistic
واقعه مدار	event-oriented
واقف بودن	be aware
واقف نمودن	raise awareness
واکاوی	analysis
واکسن آنفولانزا	flu shot
واکسیناسیون کردن	vaccinate
واکنش	reaction
واگذاری	transfer
واگن قطار	train car
واگویه	reflection, echo
والد	father
وام	loan
وامدار	debtor
وان	bath tub
وانت	van
وتو	veto
وثیقه	bail
وجدان	conscience
وجه غالب	dominant mode
وجه نقد	cash (noun)
وجهه	popularity, mode
وجوه	funds
وجوه تبلیغاتی	promotional funds
وحدت	unity
وحدت ملی	national unity
وحی منزل	unquestionable truth
وخیم بودن	be serious
وداع	farewell
ورا	beyond
وراج	talkative
ورای افق	beyond the horizon
ورزیده	experienced
ورشکسته	bankrupt
ورطه هلاکت	abyss of annihilation
ورم	swelling
وزارت اطلاعات	information ministry
وزارت خزانه داری	ministry of the treasury
وزارت صنایع ومعادن	ministry of mining and industries
وزرا	ministers
وزغ	toad
وزیر	minister
وزیرارتباطات	communications minister
وزیرامورخارجه	foreign affairs minister
وزیردفاع	minister of defense
وزیرعلوم	science minister
وزیرنفت	oil minister
وسع	afford
وسعت	vastness
وسوسه کردن	tempt
وصیت	will
وضع حمل	childbirth
وضع کردن	set (laws, rules)
وضعیت	status
وضعیت بحران زده	critical situation
وضعیت معیشتی	living conditions
وضعیت نامطلوب	unfavorable situation

thousand trees	هزار اصله درخت	traitor to one's country	وطن فروش
millennium	هزاره	duties	وظایف
cost, expense	هزینه	promise (verb)	وعده دادن
transportation fees	هزینه ایاب وذهاب	faithful	وفادار
costly	هزینه ساز	national accord	وفاق ملی
spend money	هزینه کردن	events	وقایع
be costly	هزینه مند بودن	interruption	وقفه
hefty costs	هزینه های گزاف	happening (deverbal noun)	وقوع
nuclear	هسته ای	practice law	وکالت کردن
ontology	هستی شناسی	attorney	وکیل مدافع
warning	هشدار	obedient to guardian jurist	ولایتمدار
digest	هضم کردن	even though	ولو
hectare	هکتار	reverberation	ولوله
push	هل دادن	Wahhabi	وهابی
with similar width	هم عرض	video clip	ویدئو کلیپ
concentric	هم مرکز	be destroyed	ویران شدن
harmony	هماهنگی	destructive	ویرانگر
conference	همایش	destruction	ویرانی
unity	همبستگی	editing	ویرایش
effort, attempt	همت	spiritual leader	هادی معنوی
make the effort	همت گماشتن	halo of ambiguity	هاله ای از ابهام
counterparts	همتایان	gift (legal)	هبه
adjacent	همجوار	descent	هبوط
consistency	همخوانی	descend	هبوط کردن
ally, accessory	همدست	attack	هجمه
empathy	همدلی	alien invasion	هجوم موجودات فضایی
twin or double	همزاد	gifts	هدایا
self-identification	همزادپنداری	goal	هدف
	(همذات پنداری)	goal-oriented	هدفمند
coexistence	همزیستی	gift, present	هدیه
spousal abuse	همسرآزاری	fear	هراس
chorus	همسرایان	be fearful	هراسیدن
aligned	همسو	pyramid	هرم

peers	همقطاران
cooperation	همکاری
consistent with	همگام با
convergence	همگرایی
fellow	همنوعان
compatriot	هموطن
always the victim	همیشه قربانی
norm-breaking	هنجارشکنی
norms	هنجارها
fine art	هنر فاخر
pure art	هنر ناب
seventh art	هنرهفتم
uproar	هنگامه
passenger plane	هواپیمای مسافری
supporters, fans	هواداران
anesthesiology	هوشبری
alert	هوشیار
ghastly	هولناک
second wife	هوو
temptation	هوی
identity	هویت
sole identity	هویت واحد
apparent	هویدا
Board of Trustees	هیأت امنا
high-ranking political committee	هیأت بلند پایه سیاسی
Copernican astronomy	هیأت کپرنیکی
jury	هیأت منصفه
council of ministers	هیأت وزیران
ancient astronomy	هیئت قدیم
advising committee	هیئت مستشاری
hubbub	هیاهو
exciting	هیجان انگیز
firewood	هیزم
monster	هیولا
despair	یأس
finder	یابنده
reminder	یادآور
memorial	یادمان
subsidy	یارانه
jasmine	یاسمن
ruby	یاقوت
constipation	یبوست
be experienced	ید طولا داشتن
certainly	یقیناً
a Persian leopard	یک قلاده پلنگ ایرانی
integrated	یکپارچه
homogenizing	یکدست سازی
one-way	یکطرفه
have no rival	یکه تازبودن
unit	یگان
unique	یگانه
USA	ینگه دنیا

English-Persian glossary

20th century	سده بیستم
a large group	خیل عظیم
a Persian leopard	یک قلاده پلنگ ایرانی
abandoned	متروکه
abandoned	مطرود
abhor	منزجرشدن
abnormal	ناهنجار
about, approximate	قریب به
above-mentioned	فوق الذکر
abridged	کوته نوشته
absolute	مطلق
absolute majority	اکثریت مطلق آرا
abstract	انتزاعی
absurdity	پوچی
abundant	وافر
abyss of annihilation	ورطه هلاکت
academic achievement	مدارج تحصیلی
academic circles	محافل علمی ودانشگاهی
academics	شخصیت های دانشگاهی
acceleration	تسریع
acceptability	مقبولیت
acceptance	پذیرش
accidental	تصادفی
accidents	حوادث
accidents	سوانح
accidents (cars)	تصادفات
accomplishments	توفیقات
according to	به زعم
according to	به نقل از
according to	مطابق
according to, relative to	به تناسب
account	حساب
accounting	حسابداری
accreditation	اعتباربخشی
accusation	انگ
accusation (legal)	اتهام
achieve stability	به ثبوت رسیدن
achievements	دستاوردها
acknowledge	اذعان داشتن
acknowledgement	تقدیرنامه
acquire	فراگرفتن
acquisition of property	تملک
Act 1	پرده اول
action	اقدام
activist	تلاشگر
actor	بازیگر
acts of aggression	تجاوزات
actuality, exactness	عینیت
adaptation	اقتباس
adapted	برگرفته
addendum	الحاق
additional industries	صنایع تکمیلی
additional information	اطلاعات تکمیلی
additional risks	خطرات مضاعف

addressed to	خطاب به
addressing	مخاطب سازی
adherence; subordination	تبعیت
adjacent	همجوار
adjusting incomes	توازن درآمدها
adjustment	تعدیل
administrative requirements	ملزومات اداری
administrative system	نظام اداری
admirable	ستودنی
admirable	قابل ستایش
admiral	دریادار
admire	تحسین کردن
admire	ستودن
admirer	ستایشگر
admit	اذعان کردن
adopt	درپیش گرفتن
adopt a look or bearing	قیافه گرفتن
advance	اعتلا
advancement period	دوره اعتلا
advantage	مزیت
advantage, benefit	منفعت
advantages	مزایا
advantages and disadvantages	مزایا ومعایب
advantages, benefits	منافع
adventure	ماجرا
adverse consequences	پیامدهای ناگوار
adversity	شقاوت
advising committee	هیئت مستشاری
advisor to minister of industry	مشاوروزیرصنعت
aestheticism	زیبا شناسی
affairs	امور
afflicted by politics	سیاست زدگی
afford	وسع
aforementioned	مزبور
African National Congress Youth League	اتحایه جوانان کنگره ملی آفریقا
aftermost	واپسین
again (adj)	مجدد
again (adv)	مجدداً
against (confronting)	درقبال
against (opposing)	خلاف
against humanity	ضدبشری
Age of Darkness	عصرظلمت
Age of Renaissance	عصرنوزایی
agency	فاعلیت
agency inspectors	بازرسان آژانس
agenda	دستورکار
agile	چابک
agitation	خلجان
agitator	آشوبگر
agree to	توافق کردن
agreement	توافق
agricultural inputs	نهاده های کشاورزی
agriculture	کشاورزی
agro-industrial productions	تولیدات کشت وصنعت
aid	مساعدت
aim at	نشانه رفتن
air defense	پدافندهوایی
Air Force	نیروی هوایی
air pollution	آلودگی هوا
air purification	تصویه هوا
alcoholic drinks	مشروبات الکلی
alert	هوشیار
alias	نام مستعار
alien invasion	هجوم موجودات فضایی
aligned	همسو
all	جملگی
alleged offense	بزه انتسابی
allegorical	تمثیلی

206 English-Persian glossary

alliance	اتحاد
allies	متحدان
allocate	تخصیص دادن
alloy	شائبه
allusion	اشاره
ally, accessory	همدست
alongside	دوشادوش
alter	دگرگون شدن
altered	مخدوش
alternating	به تناوب
alternative	گزینه
always the victim	همیشه قربانی
amateur	نوکار
amateurism	آماتوریزم
ambassador	سفیر
ambiguity	ابهام
ambiguity (literature)	ایهام
ambiguity policy	سیاست ابهام
ambition	بلندپروازی
ambitious	جاه طلب
ambush	کمین کردن
ambush (state)	درکمین بودن
amendment	اصلاحیه
American Indian	سرخپوست
ammunition	مهمات
amongst	درزمره
amounts	مبالغ
amphitheater	آمفی تئاتر
amputation	قطع عضو
amusement park	شهربازی
analysis	واکاوی
analyst	تحلیلگر
analytical	تحلیلی
analyze	تحلیل کردن
analyze, describe	تشریح کردن
ancestors	اجداد

ancient	باستانی
ancient astronomy	هیئت قدیم
anesthesiology	هوشبری
angel of death	عزراییل
angles	زوایا
anniversary	سالروز
annoying	آزاردهنده
annoying	آزارنده
annual income	درآمد سرانه
anonymous	گمنام
anti-Islamic	ضداسلامی
anti-Semitic	ضدیهودی
anti-Turk	ترک تازی
antidepressant	نشاط آور
antifungal creams	کرم های ضد قارچ
antique	عتیقه
antiquity	قدمت
antonyms	متضاد
anxiety	اضطراب
anxiety	دلشوره
anxiety	دلهره
anyway	باری
apartheid	آپارتاید
apex	اوج
apocalyptic films	فیلم های آخرالزمانی
apologize	عذرخواهی کردن
apology	پوزش
apparent	هویدا
apparently	علی الظاهر
appearance	سیما
appendices	اضافات
appendix	ضمیمه
appetizing	اشتها آور
applaud	کف زدن
applicants	متقاضیان
applied	کاربردی

Applied Linguistics	کاربردشناسی زبان
apply for divorce	درخواست طلاق کردن
apply to	صدق کردن
appoint	منصوب کردن
appointed	منتصب
appointment	انتصاب
appreciate	قدردانی کردن
appreciation ceremony	مراسم تجلیل
appreciative	قدردان
approach	رهیافت
approach	رویکرد
appropriate function	عملکرد درست
approval	تصویب
approval (document)	تأییدیه
approved bill	طرح مصوب
approved laws or regulations	مصوبات
approximate	تقریبی
approximating to	بالغ بر
apricot	زردآلو
Arabs	اعراب
arch	قوس
archeological	باستان شناختی
archetype	صورت نوعیه
architect	معمار
architect of the universe	معمارعالم هستی
ardor	تب وتاب
area	مساحت
aristocrats	اشراف
armed	مسلح
armed combat	مبارزه مسلحانه
armed robbery	دستبرد مسلحانه
Armenians	ارامنه
arms trade	تجارت اسلحه
army	لشکر
around	اکناف
arrayal of troops	صف آرایی

arrow	پیکان
arson	حریق عمدی
artery clog	انسداد عروق
article of the constitution	ماده قانون
artillery	توپخانه
as	بسان
as	به سان
as	به عنوان
as	به مثابه
as	به منزله
as though	گویی
as usual	مطابق روال
ascend	صعود کردن
ascending	سیرصعودی
ask	مسئلت نمودن
aspect	نمود
asphalt road	جاده آسفالت
assassination	ترور
assembly	مجمع
assess	رقم زدن
assessment	ارزیابی
assigned to	محول شدن
assimilate	تلفیق کردن
assimilation	ادغام
assistance	معاونت
assistance (financial)	مساعده
assistant	دستیار
assistant professor	استادیار
associate	تداعی کردن
associate professor	دانشیار
associate with someone	دمخوربودن
association	انجمن
association of social work	انجمن مددکاری اجتماعی
assure	اطمینان دادن
astronomical	نجومی

astronomical revolution	انقلاب نجومی
astronomical substances	جواهرنجومی
astronomy	اخترشناخت
at the onset of	دربدو
athletics	تربیت بدنی
atmosphere	حال وهوا
atrocious	ضالمانه
attack	هجمه
attainment	دستیابی
attempt	تلاش
attitude	نگرش
attorney	وکیل مدافع
attribute (noun)	شاخصه
attribute (verb)	منتسب کردن
audacity	جسارت
audience, attendees	حضار
audio material	آثار شنیداری
audit	ممیزی
auditor	ممیز
authentication	احرازهویت
author	مؤلف
authoritarianism	اقتدارگرایی
authoritatively	مقتدرانه
authorities	مراجع ذی صلاح
authority	اقتدار
automobile	خودرو
automobile title	سند قطعی سواری
autopsy	کالبد شکافی
autumn	خزان
average	متوسط
average (math)	میانگین
average income	درآمدهای متوسط
avoid	اجتناب کردن
avoid	پرهیز کردن
avoidance measures	تدابیر احترازی
award	جایزه
ax	تیشه
Bachelor degree	مدرک کارشناسی
backed by	به پشتوانه
background	پیشینه
Baha'is	بهائیان
bail	وثیقه
balance	تعادل
balance (weight)	توازن
balanced development	توسعه متوازن
balloting	قرعه کشی
balm	مرهم
ban	منع
bands	بندها
bank guarantees	ضمانت نامه بانکی
banking	بانکداری
banking facilities	تسهیلات بانکی
bankrupt	ورشکسته
banned from leaving the country	ممنوع الخروج
banned from publishing	ممنوع القلم
banner	لوا
banquet	بزم
banquet, celebration	سوروسات
baptism	تعمید
Bar Association	کانون وکلا
Baroque	باروک
barrel of oil	بشکه نفت
barrier	سد معبر
base	پایگاه
based upon	مبتنی بر
bases	مبادی
bases	مبانی
basically	اساساً
Basij bases	پایگاههای بسیج
bath tub	وان
battle	جدال

battle	مصاف
battle	نبرد
battleship	ناو
be a victim, be sacrificed	قربانی شدن
be active	فعال شدن
be admired	مورد تقدیرقرارگرفتن
be agitated	جوش زدن
be allocated	اختصاص یافتن
be allowed to	مجازبودن
be an exception	مستثنا بودن
be announced	ابلاغ شدن
be appointed	گمارده شدن
be approved	به تصویب رسیدن
be assumed	متصورشدن
be at war	درستیزبودن
be aware	واقف بودن
be based on	مبتنی بودن
be believable	باورپذیربودن
be canceled	منتفی شدن
be cancelled	کان لم یکن شدن
be cancelled	لغوشدن
be capsized	واژگون شدن
be captured alive	زنده گیری شدن
be combined	عجین شدن
be competitive	رقابت پذیربودن
be composed	تصنیف شدن
be considered	محسوب شدن
be constrained	درتنگنا بودن
be contested	مورد اعتراض قرارگرفتن
be costly	هزینه مند بودن
be damaged	لطمه خوردن
be damaged (objects)	صدمه دیدن
be deceived	فریب خوردن
be declared cancelled	ملغی اعلام شدن
be delayed	به تأخیرافتادن
be delegated	اعزام شدن
be dependent	متکی بودن
be deposited	دپو شدن
be derived	مشتق شدن
be desirable	مطلوب بودن
be destroyed	ویران شدن
be determined	مقررشدن
be determined (people)	عزم جزم کردن
be dissolved	منحل شدن
be earned	عاید شدن
be established	نهادینه شدن
be evaluated	مورد ارزیابی قرارگرفتن
be exchanged	ردوبدل شدن
be exiled	تبعید شدن
be experienced	ید طولا داشتن
be expired	تاریخ گذشته بودن
be exposed to	درمعرض بودن
be extended	تمدید شدن
be faithful	پایبند بودن
be far from reality	دورازتحقق بودن
be fearful	هراسیدن
be finalized	نهایی شدن
be fined	جریمه شدن
be flawless	خالی ازاشکال بودن
be flexible	منعطف شدن
be focused	زوم شدن
be forced to abdicate	تفویض شدن
be healed	التیام یافتن
be held	برپاشدن
be hidden	نهفته بودن
be in conflict	درتعارض بودن
be in contrast	درتضاد بودن
be indebted to	مدیون بودن
be installed or embedded	جاسازی شدن
be intensified	تشدید شدن
be involved	درگیر بودن
be isolated	درانزوا قرارگرفتن

be justifiable	قابل توجیه بودن
be kidding	شوخی کردن
be located	واقع بودن
be looted	به یغما رفتن
be lost	مفقود شدن
be manifested	تبلوریافتن
be manifested	متجلی شدن
be neglected	مورد غفلت قرارگرفتن
be neutralized	خنثی شدن
be obliged	مکلف شدن
be obliged to	موظف بودن
be postponed	موکول شدن
be praised	مورد تعریف و تمجید قرارگرفتن
be program-oriented	برنامه محوربودن
be promoted	ارتقا پیدا کردن
be provided	تأمین شدن
be provided	مهیا شدن
be put into effect	عملی شدن
be put to sleep	معدوم شدن
be realized	محقق شدن
be recorded	ضبط شدن
be recovered	بازیابی شدن
be reflected	انعکاس یافتن
be refunded	مسترد شدن
be rejected	طرد شدن
be resolved	حل وفصل شدن
be revealed	نقش برآب شدن
be sealed	ممهورشدن
be serious	وخیم بودن
be silent	سکوت کردن
be summoned	احضار شدن
be supposed to	بنا بودن
be surprised	جا خوردن
be surrounded	احاطه شدن
be suspended	تعلیق شدن
be suspended	معلق شدن
be transformed	متحول شدن
be unable	عاجزبودن
be uncompetitive	غیررقابتی بودن
be verified	بازبینی شدن
be wanted by the police	تحت تعقیب بودن
be written	به نگارش درآمدن
be written (state)	درج بودن
beacon	چراغ هدایت
beauty	جمال
bed	بستر
beginning	سرآغاز
beginning of creation	بدوخلقت
behalf	بابت
behavior	مشی
being a servant	پیشخدمتی
being married	تأهل
being unorganized	بی برنامگی
bejeweled	جواهرنشان
bell toll	آهنگ ناقوس
belong	متعلق بودن
below	ذیل
benefactors	نیکوکاران
bereaved	داغدار
betrayal	خیانت
bewilderment	سردرگمی
beyond	فراتر
beyond	ورا
beyond the horizon	ورای افق
bi-polar	دوقطبی
bilateral	دوطرفه
bilateral policy	سیاست دو سویه
bill (law)	لایحه
bills	صورتحساب
bind	مقید کردن
binding	لازم الاجرا

bio-environment	زیست محیطی
biodiversity	تنوع زیستی
biographies	شرح احوال
biologic conflicts	کشمکش های بیولوژیک
birth	زایش
birth certificate	شناسنامه
births	موالید
bitter	تلخ
black list	فهرست سیاه
blackmail	اخاذی
blame	نکوهش کردن
blessed	متبرک
blessing	موهبت
blessing	نعمت
blessings	مواهب
blocked	بلوکه
blood money	دیه
blood money (pl)	دیات (دیه)
bloody	خونین
blow	دمیدن
blurt out	نعره زدن
Board of Trustees	هیأت امنا
boarding house	پانسیون
bodies	اجسام
body	پیکر
body	کالبد
bombardment	بمباران هوایی
bonds	اوراق مشارکت
boots	پوتین
booty	انفال
bordering	مرزبندی
boring	خسته کننده
boring	کسل کننده
born, generated	مولود
borough	قصبه
borrowing	استقراض
bosses, heads, directors	رؤسا
bottleneck	تنگنا
bower, arbour	آلاچیق
box office	گیشه
brag	به رخ کشیدن
brain death	مرگ مغزی
brain injury	ضربه مغزی
brake control	کنترل ترمز
branch	شعبه
branches	شعب
breach	رخنه
breaking a promise	خلف وعده
bribe	رشوه
brick	آجر
briefing sessions	کلاس های توجیهی
briefly	به اختصار
briefly	خلاصه وار
bright	تابناک
brilliant	برلیان
bring about (bad)	به بارآوردن
bring about (good)	به ارمغان آوردن
bring under control	مهارکردن
browse	تورق کردن
brush	قلم مو
budget	بودجه
budget deficit	کسری بودجه
budget distribution	توزیع بودجه
budgeting system	نظام بودجه ریزی
building trust	اعتماد سازی
buildings	ابنیه
bullying	زورگویی
burial ceremony	مراسم کفن ودفن
burial rituals	مراسم تدفین
burnt (wasted) generation	نسل سوخته
burrow	نقب
business	کسب وکار

buy back	بیع متقابل (بای بک)
by (cause)	به واسطه
by (origin)	ازسوی
by far	به مراتب
by nature	ذاتاً
bylaws	آیین نامه
bypass	دورزدن
cacophonous sounds	اصوات نکره
cadre	کادر
calamity	فلاکت
calculated	حساب شده
calendar	سالنامه
caliphate	خلافت
caliphs	خلفا
calling for bids	مناقصه
callused hands	دستان پینه بسته
calming nerves	آرامش اعصاب
calmness	طمأنینه
camera installation	نصب دوربین
camouflage	استتار
camp	اردوگاه
campaign	کمپین
candid, straightforward	بی پرده
cane	عصا
canvas	بوم
cap	کلاهک
capability	قابلیت
capacity	ظرفیت
capacity	گنجایش
capital	سرمایه
capital assets	دارایی های سرمایه ای
capitalist	سرمایه دار
capitulation	کاپیتولاسیون
captivity	اسارت
capture	تسخیر کردن
car crash	سانحه رانندگی
carat	قیراط
carcass	لاشه
careful planning	برنامه ریزی دقیق
caricature	کاریکاتور
cartoons expressed through words	کاریکلماتور
case (non-physical)	قضیه
case; box	محفظه
cases	قضایا
cash (adj)	نقدی
cash (noun)	وجه نقد
cash deposit	واریز نقدی
cash payment	پرداخت نقدی
Caspian Sea	دریای خزر
cast shadow	سایه افکندن
casualties	تلفات جانی
casualty insurance	بیمه حوادث
catastrophe	فاجعه
catastrophic	فاجعه بار
categories	مقولات
category	مقوله
Catholic	کاتولیک
cattle	دام
cause and effect relationship	رابطه علت و معلولی
causes	علل
causing ambiguity	ابهام برانگیز
causing limitations	محدودیت آفرینی
cautiously	محتاطانه
cave	غار
caveman	بشرغارنشین
cell phone	گوشی تلفن همراه
cement	سیمان
censorship	سانسور
center; club, focus	کانون
centrality	محوریت

centrifuge	سانتريفيوژ
certainly	به طورحتم
certainly	به طورقطع
certainly	قطعاً
certainly	مطمئناً
certainly	يقيناً
certificates of deposit	گواهی های سپرده بانکی
chain	زنجیره
challenge (noun)	چالش
challenge (verb)	به چالش کشیدن
Chamber of Commerce	اتاق بازرگانی
change	بدل شدن
channel	شبکه
chaotic	بی سامان
character	کاراکتر
characteristics	خصایل
charcoal making	زغال گیری
chargé d'affaires	کاردار
charity work	امورخیریه
charlatans	شارلاتان
charter	منشور
chase	تعقیب
chassis number	شماره شاسی
chat	گپ زدن
cheerful	سرذوق
chemical waste	کود شیمیایی
chemotherapy	شیمی درمانی
chickpeas	نخود
childbirth	وضع حمل
children	نوگلان
chimney	دودکش
chips	چیپس
chivalrous	جوانمرد
choir	گروه کر
choose	برچیدن
choose	برگزیدن

choose sides	موضع گیری کردن
choosing a spouse	انتخاب همسر
chorus	همسرایان
circles	مجامع
circular design	طرح مدور
circular letter	بخشنامه
circulation	تیراژ
circumstances	مراتب
circumstances	مقتضیات
circumstances, conditions	شرایط
citing	استناد به
city sewage	فاضلاب شهری
civil	مدنی
civil rights	حقوق شهروندی
civil society	جامعه مدنی
claim (noun)	داعیه
claim (verb)	ادعا کردن
claim (verb)	مدعی شدن
claims	مطالبات
Classical	کلاسیک
classification	طبقه بندی
classified	نیازمندیها
classify	رده بندی کردن
cleaning	پاکسازی
clearance	ترخیص
clearly	به وضوح
cliché	کلیشه
client	مشتری
client of a lawyer	موکل
clients	ارباب رجوع ها
climate	اقلیم
clinic	درمانگاه
close connection	ارتباط تنگاتنگ
closing	اغلال
closing ceremony	اختتامیه
closure	مسدودسازی

214 English-Persian glossary

clothes پوشاک
clown دلقک
coaching مربیگری
coal زغال سنگ
coal mines معادن زغال سنگ
coalition ائتلاف
coalition party حزب مؤتلفه
codification of law قانون نویسی
coefficients ضرایب
coercive زورگویانه
coercive behavior رفتار زورگویانه
coexistence همزیستی
cohesion پیوستگی محتوایی
coil چنبره
coincident منطبق
coinciding with مصادف با
coking کک سازی
collapse سرنگونی
collapse فروپاشی
collapse, fall سقوط
collective agreement توافق جامع
collector کلکسیونر
colloquial عامیانه
colloquial گفتاری
colonizer استعمارگر
colored رنگین پوست
colorful رنگارنگ
coma اغما
combatant مبارز
come to an agreement به توافق رسیدن
come to an end, be concluded مختومه شدن
comfort تن آسانی
commander فرمانده
commander-in-chief سردار
comments for revision نظرات اصلاحی
commerce تجارت
commercial space فضای تجاری
commitment تعهد
committed متعهد
committee on special economic measures ستاد تدابیرویژه اقتصادی
common sense عقل سلیم
commonplace عامی
communication مخابرات
communications minister وزیرارتباطات
communicative, clear گویا
communism کمونیسم
companions اصحاب
comparable قابل قیاس
comparable قابل مقایسه
comparative studies مطالعات تطبیقی
compass قطب نما
compassionately مشفقانه
compatible سازگار
compatriot هموطن
compensation تاوان
compete به رقابت پرداختن
competent شایسته
competitors حریفان
compilation تدوین
complain (intransitive verb) گلایه داشتن
complain (noun) شکوه
complain (transitive verb) مورد گلایه قراردادن
complaining گله مندی
complaint شکایت
completed documents مدارک تکمیل شده
complex بغرنج
complex (psychological) عقده
component مؤلفه
composed of متشکل از
composing music نت نویسی
comprehensive جامع

comprehensive coverage	پوشش جامع
compromise	سازش کردن
compromiser	سازشکار
conceal	کتمان کردن
concentric	هم مرکز
concepts	مفاهیم
concern	دل مشغولی
concerned	دغدغه مند
concerning	درخصوص
concerns	دغدغه
conciliatory	آشتی جویانه
conclude a contract	منعقد کردن
condensation	میعان
conditional	مشروط
conditions	شروط
conditions require	شرایط ایجاب کردن
conference	همایش
confess	اعتراف کردن
confession	اعتراف
confessions	اعترافات
confirmation	تأیید
confirmation of the seller's competence	تأیید صلاحیت فروشنده
confirmed	مؤید
confirmed, obvious	محرز
confiscation	مصادره
conflict	کشاکش
conflict, fight	نزاع
conflicting votes	تضارب آرا
conflicts	تعارضات
conflicts	تنازعات
conflicts	منازعات
conflicts	مناقشات
confluence	تلاقی
conformity	انطباق
confronting	مواجهه

confronting; comparison	مقابله
congestion	ازدحام
congress	کنگره
connecting bridge	پل رابط
connection	اتصال
conqueror	فاتح
conquests	فتوحات
conscience	وجدان
conscious	بهوش
conscription	خدمت سربازی
consecutive	پیاپی
consecutive	متوالی
consent	رضایت مندی
consequence	پیامد
consequence	عاقبت
consequences	تبعات
consequences	عواقب
consequently	متعاقباً
consequently, as its consequence	به تبع آن
conservative	محافظه کار
consider (intransitive verb)	قائل شدن
consider (transitive verb)	درنظرداشتن
consider, assume	قلمداد کردن
considered goods	کالای مدنظر
considering	با احتساب
consistency	همخوانی
consistent with	همگام با
consolidated	تلفیقی
constipation	یبوست
constituency	حوزه انتخابی
constituent items	اقلام تشکیل دهنده
constitution	مشروطه
construction	احداث
construction	ساخت و ساز
constructive	سازنده
constructive role	نقش سازنده

consultation, counsel رایزنی
consumerism مصرف گرایی
consumption culture فرهنگ مصرف
consumption patterns الگوی مصرف
contact (noun) تماس
contact (verb) تماس حاصل کردن
contagious diseases بیماری های واگیر
containment of fire مهار حریق
contaminated syringe سرنگ آلوده
contemplation تأمل
contemporary with مقارن با
content فحوا
content مضمون
contents مفاد
contents محتوا
contents مضامین
continually به طور مستمر
continuity استمرار
continuity تداوم
continuously به صورت مستمر
contract; condense منقبض کردن
contractor پیمانکار
contractual teachers معلمان پیمانی
contrast مغایرت
controversial جنجالی
conventional متعارف
convergence همگرایی
convincing قانع کننده
cooperation همکاری
Copernican astronomy هیأت کپرنیکی
copy رونوشت
copying رونویسی
copying کپی برداری
copyright کپی رایت
corpse جسد
correction تصحیح
correspondent کارگزار
corrupt; decayed فاسد
corruption فساد
cosmology جهان شناخت
cosmos کیهان
cost, expense هزینه
costly هزینه ساز
cough سرفه
council of ministers هیأت وزیران
counseling مشاوره
counter پیشخوان
counterparts همتایان
counting برشماری
coup d'état کودتا
courage جرأت
court (legal) محکمه
court (royal) دربار
Court of Justice of Europe دیوان دادگستری اروپا
cover زیرپوشش قراردادن
covered with stones سنگفرش
cowboy گاوچران
crane (bird) درنا
crane (truck) جرثقیل
create ایجاد کردن
creative خلاقانه
creativity خلاقیت
creator; created موجد
credit card کارت اعتباری
creditor طلبکار
crime جرم
crime and punishment جنایت ومکافات
crimes جرایم
criminal سابقه دار
criminal cases committee کمیته مصادیق مجرمانه
criminals تبهکاران
crisis بحران

criterion محک
critic نقاد
critical importance اهمیتی حیاتی
critical look نگاه نقادانه
critical methodology روش شناسی انتقادی
critical situation وضعیت بحران زده
criticize خرده گرفتن
critique نقد
crowded پرتردد
cry گریستن
crypt دخمه
cubic meters مترمکعب
cultivable قابل کشت
cultural and social affairs امورفرهنگی واجتماعی
cultural esteem اعتبارات فرهنگی
cultural invasion تهاجم فرهنگی
cultural transformations استحاله های فرهنگی
cunning حیله گری
cure مداوا
curiosity کنجکاوی
currency exchange صرافی
currency transfers نقل و انتقال ارز
current practices شیوه فعلی
curse لعنت کردن
custody decree حکم سرپرستی
custom (social) عرف
customs (office) گمرک
customs duty عوارض گمرکی
cyberspace فضای مجازی
cycle چرخه
cycle (of rebirth) تسلسل دوار
dam سد
damage (noun; physical) خسارت
damage (noun) آسیب
damage (verb) خدشه وارد کردن
damage (verb) لطمه زدن
damage rate میزان خسارت
damaged آسیب دیده
damages صدمات
dangers مخاطرات
daringly به جرأت
Darwinian paradigm پارادایم داروینی
data داده ها
dawn بامداد
days ایام
dead-end بن بست
deadline مهلت
deadline (designated time) موعد مقرر شده
deadly مرگبار
dear نازنین
debate مناظره
debtor وامدار
decadent منحط
decant سرازیرکردن
deceased راحل
deceased متوفی
deceased مرحوم
decentralization تمرکز زدایی
deception اغفال
deception اغوا
deception فریبکاری
deception نیرنگ
decision making اخذ تصمیم
decisive (person) مصمم
decisive (thing) تعیین کننده
declaration اعلامیه
decline (deverbal noun) انحطاط
decline (noun) زوال
declining رو به زوال
decorate آراسته کردن
decorative stones سنگ های تزئینی
decrease (noun) تنزل

decrease (verb)	ریزش کردن
decreasing trend	روند نزولی
dedicate	اهدا کردن
deduce	استنتاج کردن
deduce, interpret	استنباط کردن
deduced	منتج
deepening	تعمیق
deeply	عمیقاً
defeated	مقهور
defects	نواقص
defects, shortcomings	نقایص
defense and security affairs	اموردفاعی وامنیتی
defensive power	قدرت دفاعی
deferred debts	معوقات
deficit	کسری
definite	معرفه
definitions	تعاریف
defraud in transactions	غش درمعامله کردن
degree-oriented	مدرک گرا
dejection	دلمردگی
delete	حذف کردن
deliberately	تعمداً
delicacy	ظرافت
delicious taste	طعم لذیذ
delight	دلخوشی
delinquent	متخلف
delusion	توهم
demagoguery	عوام فریبی
demanding	خواستار
democracy	دموکراسی
democracy	مردم سالاری
democratized	دموکراتیزه
demon	اهریمن
demonstrations	تظاهرات
denounce	تقبیح کردن
denude	عاری ساختن
deny	تکذیب کردن
deny	منکرشدن
depart	عزیمت کردن
department of the environment	اداره محیط زیست
departure	عزیمت
depend	منوط بودن
dependence	وابستگی
dependents	تحت تکفل
deplorable	اسفناک
deposit (noun)	سپرده
deposit (verb)	پول واریزکردن
deposit (verb)	واریزکردن
depreciation	استهلاک
depressed	افسرده
depression	افسردگی
deprivation	محرومیت
deprive	سلب کردن
deprived	محروم
depth	قعر
deputy	معاون
deputy	نایب
deputy general	معاون کل
derelict	بی سرپرست
derivatives market	بازارمشتقه
derived from	نشأت گرفته
desanctify	قداست زدایی
descend	هبوط کردن
descending	نزولی
descent	هبوط
descriptions	اوصاف
desertification	بیابان زایی
desirable	مرغوب
desired	مطلوب
desired objects	مطامع
despair	یأس

despite	به رغم
despotism	استبدادزدگی
destiny; appreciation	تقدیر
destitute	محرومان
destroy	به خاک وخون کشاندن
destroy; cancel	اسقاط کردن
destroyer	ناوشکن
destruction	تخریب
destruction	نابودی
destruction	ویرانی
destruction process	فرایند تخریب
destructive	مخرب
destructive	ویرانگر
destructive earthquakes	زمین لرزه های خانمان برانداز
destructive effect	تأثیر مخرب
destructive effects	اثرات مخرب
detailed	مشروح
detailed description	تشریح جزئیات
detailed design	طرح تفصیلی
details	جزئیات
detective (literary genre)	جنایی ـ پلیسی
detective (person)	کارآگاه
detective-mystery	پلیسی ـ معمایی
detergents	تمیزکننده ها
detested	منفور
detox	سم زدایی
devastation	انهدام
development	توسعه
development plans	طرح های عمرانی
development process	فرآیند توسعه
deviated	منحرف
deviation	عدول
deviation (rate change)	میزان تغییرات
devil's promenade	تفرجگاه شیطان
devolution	تفویض اختیارات
devoted	فداکار
diabetes	بیماری دیابت
diabetes medicine	داروهای دیابت
diagnosis	تشخیص اولیه
diamond	الماس
dictatorship	دیکتاتوری
dictionary, lexicon	قاموس
die	فوت شدن
die (idiomatic)	جان باختن
differentiate	تفاوت قایل شدن
differentiate, distinguish	تمایز قائل شدن
differentiate, distinguish, tell apart	بازشناختن
difficult	دشوار
difficulty	معضل
digest	هضم کردن
diggers	حفاران
digit	رقم
digression	انحراف
dimension	بعد
dimensions	ابعاد
diminish	تقلیل دادن
direct	بی واسطه
direct (adj)	مستقیم
direct, lead (verb)	سوق دادن
direction	سمت وسو
disadvantages	معایب
disagreement	اختلاف نظر
disappear	محوشدن
disappointment	تکدرخاطر
disarm	خلع سلاح کردن
disarmament	خلع سلاح
disbelieve	کفر ورزیدن
discerning	بصیر
disclosure	افشاگری
discount mechanism	مکانیسم تخفیفی

discovered	مکشوف
discoveries	کشفیات
discretion	صلاحدید
discretionary	بصیرتی
discrimination	تبعیض
discriminatory	تبعیض آمیز
discussions	مباحث
dishes	ظروف
dishonestly	متقلبانه
dishonesty	بی صداقتی
disintegrate	متلاشی شدن
dismissal (person)	برکناری
dismissal (person)	عزل
disorder, chaos	نابسامانی ها
disorder, interference	اختلال
disorientation	گم گشتگی
dispersion	تشتت
display	عرضه کردن
disputable	اختلاف برانگیز
dispute	مشاجره
dispute causing	جنجال آفرینی
disrespect	بی حرمتی
disruptive	مخل
dissertation supervision	راهنمایی رساله
dissolution	انحلال
distinctive character	شخصیت ممتاز
distinguish	تمایز گذاشتن
distinguished	فاخر
distress	پریشانی
distribute	توزیع کردن
distribution	اشاعه
distribution	توزیع
distribution; broadcast	پخش
disturb	مختل ساختن
disturb	مختل کردن
divergence	تحزب
diversion	انفراق
divine manifestation	تجلی قدسی
divineness	رحمانیت
division	تفرقه
do's and don't's	بایدها ونبایدها
dock	اسکله
doctrine	دکترین
document	سند
document replica	المثنی
documentation	مستندسازی
dodge	جاخالی دادن
dogmatic	جزمی
dogmatism	جزم اندیشی
dome	گنبد
domestic realm	چهاردیواری
dominance	تسلط
dominant	مسلط
dominant mode	وجه غالب
dominate	حاکم بودن
domination	چیرگی
domination	سلطه
domination	سیطره
donors	خیرین
dormant	خفته
double-park	دوبله پارک کردن
doubt	شک وشبهه
doubts	شبهات
down payment	پیش پرداخت
downturn	سیرنزولی
draft	پیش نویس
draftee	مشمول
dragon	اژدها
draught	خشکسالی
draw	ترسیم کردن
draw satisfaction	جلب رضایت
dream	رؤیا

dreaming	رویاپردازی
dredging	لایروبی
drinking water	آب آشامیدنی
driver's license	گواهینامه
drone	پهپاد
drop, fall	افت
dropped ceiling	سقف کاذب
drowned	غرقه
drowsy	رخوتناک
dryer	خشک کن
drying out	خشکیدگی
dubbed	دوبله
duct	مجرا
due to	به اقتضای
duplication	تکثیر
durability	دوام
duration of work experience	سنوات
during	درخلال
duties	وظایف
ear training	تربیت گوش
earache	گوش درد
early	اوایل
earn a living	امرارمعاش کردن
earnings growth	رشد درآمدها
earthquake	زلزله
earthquake prone	زلزله خیز
eat	میل کردن
eat one's heart out	خون دل خوردن
ebony	آبنوس
ECG	نوارقلب
echo (noun)	پژواک
echo (verb)	طنین انداختن
ecologic	اکولوژیک
economic	اقتصادی
economic advisor	رایزن اقتصادی
economic code	کد اقتصادی
economic prosperity	رونق اقتصادی
ecstasy	سرمستی
editing	ویرایش
editorial (article)	سرمقاله
editorial (board)	تحریریه
education	آموزش
effective	مثمرثمر
efficiency	مصرف بهینه
efficient	کارآمد
efficient	کارساز
efficient use	استفاده کارآمد
efficient, effective	مؤثر
effluent	پساب
effort	اهتمام
effort	مجاهدت
effort, attempt	همت
efforts	مساعی
efforts	زحمات
ego	ضمیر
elaborate	مفصل
elected	منتخب
elegance	لطافت
element	عنصر
elevate	افراختن
elicit respect	به کرنش واداشتن
elite	نخبگان
elusive	گریزپا
embark on	مبادرت کردن
embezzlement	اختلاس
embrace	آغوش
emergency	فوریت ها
emergency settlement	اسکان اضطراری
emergency treatment	درمان اضطراری
empathy	همدلی
emphasis	تأکیدات
empirical knowledge	دانش تجربی

employ	استخدام
employer	کارفرما
employers	کارفرمایان
employment	اشتغال
empowerment	توانمندسازی
emptiness, vacuum	خلأ
empty	تهی
enable	قادرساختن
enchanted	مسحور
enclose	محصور کردن
encompassing	دربرگیرنده
encounter (verb)	مواجه شدن
encounter, exchange	تقابل
encounter, facing (noun)	رویارویی
encourage	ترغیب کردن
encouragements	تشویقات
encyclopedia	دانش نامه
end	غایت
endowments	اوقاف
endowments (lands)	موقوفات
endure	متحمل شدن
enemy	عدو
enforce	به اجرا گذاشتن
enormous	کلان
enrichment	غنی سازی
enshrine	ضریح
enslave	به بردگی گرفتن
enthusiasm	جدیت
entrepreneur	کارآفرین
entry	دخول
envelope	پاکت
envious	حسرت مند
environment	محیط
environmental protection organization	سازمان حفاظت محیط زیست
epic	حماسه
epigraph	سرلوحه
epitome	اسوه
equality	برابری
equality principle	اصل تساوی
equip	تجهیز کردن
equipment	تجهیزات
equipped	مجهز
equivalent	معادل
era	عصر
error	خطا
escalator	پله برقی
escape	گریز
especially	به طوراخص
essence	ذات
essential commodities	کالاهای ضروری
essential supplies	مایحتاج ضروری
establish	دایر کردن
establish, found	تأسیس کردن
establishing (noun)	پایه ریزی
establishing peacefulness	برقراری آرامش
establishment	استقرار
establishment	برپایی
esteem	منزلت
estheticism	زیبایی شناختی
estimate (verb)	بالغ کردن
estimate (verb)	برآورد کردن
estimate, assess (verb)	تخمین زدن
eternal	جاودانه
eulogy	مداحی
European Union	اتحایه اروپا
evacuate	تخلیه کردن
evaluate	آزمودن
evaluation	ارزشیابی
even though	کما اینکه
even though	ولو
event	رخداد

English	Persian
event-oriented	واقعه مدار
events	وقایع
evidences	شواهد
evil (adj)	شرور
evil (noun)	شر
exaggeration	اغراق
exalted dimension	بعد تعالی
examination	آزمون
examiner	ممتحن
examples	امثال
excavation	خاکبرداری
excavation	گودبرداری
exceptional	استثنائی
exchange (noun)	معاوضه
exchange (verb)	مبادله کردن
exchange chambers	اتاق مبادله
exchange of ideas	تبادل آرا
exchange rate	نرخ برابری
exchange rate reference point	ارزمرجع
exchanges	تبادلات
excite the audience	تهییج مخاطب
excitement	ذوق زدگی
exciting	مهیج
exciting	هیجان انگیز
exclusion documents	اسنادغیرشمول
exclusive to	منحصر به
exclusively	منحصراً
excommunication	تکفیر
execution	اعدام
executive power (government)	قوه مجریه
executors	مجریان
exert	اعمال کردن
exhausting	طاقت فرسا
exhibition	منصه
exhibition	نمایشگاه
existence	اگزیستانس

English	Persian
existence	موجودیت
existential philosophy	فلسفه وجودی
existing circumstances	شرایط موجود
existing documents	اسناد موجود
exit	برون رفت
expand	بسط پیدا کردن
expansion	گسترش
expectations	توقعات
expectations	چشمداشت
Expediency Council	مجمع تشخیص مصلحت نظام
expeditionary forces	نیروهای اعزامی
expenses	مخارج
experience; dossier; data	سوابق
experienced	کارآزموده
experienced	مجرب
experienced	ورزیده
experiences	تجارب
expert	خبره
expert	کارشناس
experts	صاحبنظران
expire	ازدرجه اعتبارساقط شدن
explain	تبیین کردن
explicit	صریح
explicit violation	نقض صریح
explicitness	صراحت
exploit	بهره برداری کردن
exploitation	استثمار
explore	مورد کنکاش قراردادن
explorer	کاشف
exponentially	به صورت تصاعدی
exposed to the public	در معرض دید همگان
express discontent	ابراز نارضایتی کردن
express happiness	ابرازخرسندی کردن
express hope	ابرازامیدواری کردن
express hope	اظهارامیدواری کردن

express readiness	اعلام آمادگی کردن	fall in a coma	درکما فرورفتن
express willingness	اظهارتمایل	fall of civilizations	سقوط تمدن ها
expressions	اظهارات	false accusation	اتهام واهی
exquisite	نفیس	falsifying	تحریف آمیز
extending the deadline	تمدید مهلت	familiar sense	حس آشنا
extensive	گسترده	family and clan	تیروطایفه
extensive, broad	واسعه	family honor	شرافت خانواده
extinction	انقراض	famous	بلندآوازه
extinguishing fire	اطفای حریق	famous	نامدار
extortion	اجحاف	famous	نامی
extra-curricular activities	فعالیت های فرادرسی	fantasy	فانتزی
extra-curricular classes	کلاس های فوق برنامه	farewell	وداع
extract	استخراج کردن	farewell (ceremony)	تودیع
extraction	استحصال	farm, field	کشتزار
extraordinary	فوق العاده	farms	مزارع
extreme	مفرط	fatal crashes	تصادفات فوتی
extremely	به غایت	fatal strike	ضربه مهلک
extremes	افراط و تفریط	fatalities	تلفات
extremist	افراطی گری	father	والد
extremist lobbies	لابی های تندرو	fatigue	خستگی
extremists	افراطیون	Fatwa	فتوی
extremity	نهایت	Fatwas	فتاوی
facilitating	تسهیل	fault line	گسل
facilities	تسهیلات	favorable	مساعد
facilities, bulidings	تأسیسات	favorable quote	قول مساعد
factors	عوامل	fear	باک
factory stock	سهام کارخانجات	fear	خوف
faculty	دانشکده	fear	هراس
fail	ناکام ماندن	fearless	بی پروا
fail, to stay barren	عقیم ماندن	fearless	بی محابا
failure	قصور	feasible	میسر
failure to fulfill promises	عدم تحقق وعده	federation	فدراسیون
failures	نقیصه	feed off	ارتزاق کردن
fair	منصفانه	fellow	همنوعان
faith	ایمان	female models	مدل های زن
faithful	وفادار	fervent	ملتهب

festival	جشنواره
few	انگشت شمار
fiberglass	پشم شیشه
fief	تیول
field	میدان
fields	مراتع
fig	انجیر
fight, beef	زورگیری
fights	دعواها
figures	مفاخر
file	پرونده
file number	شماره پرونده
filled with	مملو
film industry	صنعت فیلم سازی
film screening	اکران فیلم
filthy	پلید
filtration	تصفیه
filtration	فیلترگذاری
final conclusion	جمع بندی نهایی
final revision	اصلاح نهایی
finally	نهایتاً
financial ability	بضاعت
financial ability	توانایی مالی
financial advisor	مستشارمالی
financial assets	دارایی های مالی
financial regulations	ضوابط مالی
financial support	حمایت مالی
financial violations	تخلفات مالی
find out	پی بردن
finder	یابنده
fine art	هنر فاخر
fine dust	ریزگردها
fire	آتش سوزی
fire	حریق
fire department	آتش نشانی
firemen	آتش نشانان
firewall	دیواره آتش
firewood	هیزم
firm resolution	عزم راسخ
first aid	کمک های اولیه
first degree murder	قتل عمد
fission	انشقاق
fit	گنجیدن
fixed	مقطوع
flag	بیرق
flag	پرچم
flake	پوسته پوسته شدن
flame	زبانه کشیدن
flatulent	نفاخ
fleet	ناوگان
flexibility	انعطاف پذیری
flight; jump	پرش
flip	تلنگر
float	شناوربودن
float management	مدیریت شناور
floating exchange	ارزشناور
flooring	کفسازی
flourish (begin to flourish)	شکوفا شدن
flourish (state)	رونق داشتن
flow	جاری شدن
flu shot	واکسن آنفولانزا
fluctuations	افت و خیز
focus	معطوف کردن
focused	معطوف
focusing on	با محوریت
folk songs	ترانه های فولکلور
follow-up	پیگیری
following up on the case	پیگیری پرونده
food poisoning	مسمومیت
footnote	پاورقی
footnotes	پی نوشتها
footstep	ردپا

for	به ازای
for a while	چند صباحی
force	واداشتن
forceful encounter	برخورد قهری
forehead	پیشانی
foreign affairs minister	وزیرامورخارجه
foreign currency account	حساب ارزی
foreign domination	سلطه بیگانه
foreign exchange fluctuations	نوسانات ارز
foreign financiers	فاینانسورهای خارجی
foreword	پیشگفتار
forgive	گذشت کردن
forgiveness	بخشش
forgiveness (of God)	غفران
forgiveness, charity	بخشندگی
formal	صوری
former	پیشین
former	سابق
former government	دولت سابق
forms	اشکال
formula	فرمول
fort	برج و بارو
founder	بنیانگذار
founders	بانیان
foundry	ریخته گری
four lane	چهاربانده
framework	چارچوب
frank	رک و پوست کنده
frankly	صراحتاً
fraud	کلاهبرداری
free competition	رقابت آزاد
free of	فارغ
free of charge	رایگان
free time	دوران فراغت
freedom of assembly	آزادی اجتماعات
freedom of speech	آزادی بیان
freedom of thought	آزادی اندیشه
freemasonry circles	حلقه های فراماسونری
freshness	طراوت
friends	رفقا
frightening	مخوف
from the viewpoint of	ازمنظر
from this viewpoint	ازاین منظر
frowned upon	مغضوب
frozen assets	دارایی های راکد
fruitful	ثمربخش
fuel	مواد سوختی
fuel tank	مخزن سوخت
fueling (gas)	سوختگیری
fueling (idiomaric; to make worse)	دامن زدن به
full	سرشار
full	مشحون
full of commotion and noise	پرهیاهو
full of ups and downs	پرفرازونشیب
full range	پردامنه
full supervision	نظارت تام و تمام
fun	مفرح
fundamental transformation	دگرگونی بنیادین
fundamentalist	اصولگرا
funds	وجوه
fungal infection	عفونت قارچی
fuse, smelt	گداختن
future	آتی
future negotiations	مذاکرات آتی
future trend	روند آتی
galaxy	کهکشان
gallows	چوبه دار
gambler	قمارباز
gamut, range	حیطه
gaps	فواصل
garrison	پادگان
gas condensates	میعانات گازی

gas distribution	گازرسانی
gas station	پمپ بنزین
gas suffocation	گازگرفتگی
gauging, scaling	پیمایش
gender differences	نابرابری های جنسی
general	تیمسار
general concept	مفهوم عام
General Inspection Office	بازرسی کل
general policies	سیاست های کلی
general strike	اعتصاب عمومی
generalization	تعمیم
generating electricity	تولید برق
generation	نسل
generator	مولد
generosity	مکارم (مکرمت)
genesis, authenticity	سنخیت
genetic	ژنتیکی
genius	نبوغ
genre	ژانر
gentlemen	حضرات
geometric shapes	اشکال هندسی
get frustrated	به ستوه آمدن
get help	مدد گرفتن
get used to	انس گرفتن
get, obtain, charge	اخذ کردن
ghastly	هولناک
ghost town	شهرارواح
ghosts	اشباح
giant	غول
gift (legal)	هبه
gift, present	هدیه
gifts	هدایا
give a nasty look	چپ چپ نگاه کردن
give a reference	ارجاع دادن
give up	منصرف شدن
given promises	قول های داده شده
giving birth	زایمان
giving direction	جهت دهی
glaring	خیره کننده
glorious	شکوهمند
go beyond	فراتررفتن
goal	هدف
goal-oriented	هدفمند
goals	اهداف
godfather	پدرخوانده
gold	زر
gold bullion	شمش طلا
golden	زرین
good-hearted	خوش قلب
goods for sale	بساط
goodwill	حسن نیت
goodwill, right thing to do	مصلحت
goose	غاز
gout	نقرس
government treasury	خزانه دولت
governor	فرماندار
governor	استاندار
GPS	مسیریاب
gradational	ذومراتب
gradual	تدریجی
gradual death	مرگ تدریجی
gradually	به مرور
graffiti	گرافیتی
grain silo	سوله
grant	اعطا کردن
grapple	گلاویزبودن
gratitude	سپاس
gratitude	قدرشناسی
graves	قبور
graveyard	گورستان
grazing	چرای دام
great influence	تأثیر بسزا

English	Persian
great responsibility	مسئوليت خطير
greatness	حشمت
greatness	كرامت
Greco-Roman wrestling	كشتی فرنگی
greed	زیاده خواهی
grimace	شكلك
ground preparing	زمینه ساز
groundless accusations	اتهامات بی اساس
group	خیل
grow	نشو ونما یافتن
growth	رویش
grudge	كینه
grueling	فرساینده
grumble	گله كردن
guarantee	ضمانتنامه
guaranteed	تضمینی
guaranteed check	چک تضمینی
Guardian Council	شورای نگهبان
guidance	رهنمود
guide (religiously)	ارشاد کردن
guidelines	راهكارها
guilt, culpability	مجرمیت
guilty	خاطی
gulp	قلوپ
habitat	زیستگاه
habitat (plants)	رویشگاه
Hall	تالار
halo of ambiguity	هاله ای از ابهام
handcuff	دستبند زدن
Handicraft Organization of Iran	سازمان صنایع دستی ایران
handicrafts	صنایع دستی
handle	رفع ورجوع كردن
handling cart	سبدگردانی
happening (deverbal noun)	وقوع
happening, event	پیشامد
happy	خرسند
harassment by telephone	مزاحمت تلفنی
hard to pass from	سخت گذر
hardship	مشقت
hardships	مضایق
hardware	سخت افزار
hardworking	سختكوش
harm	ضرر
harmed	متضرر
harmful effects	آثار زیانبار
harmony	هماهنگی
harness	مهار
harp	چنگ
hastily	عجولانه
hatred	نفرت
have a relationship	سروسرداشتن
have enough votes	رأی آوردن
have importance	حائزاهمیت بودن
have mastery over	اشراف داشتن
have no rival	یکه تازبودن
have novelty	تازگی داشتن
having few worries	كم دغدغگی
having no owner	بلاصاحب
having the option	مختار
having the requirements	واجد شرایط
hazy	غبارآلود
he, she, the addressee	مشاراليه
headache	سر درد
headlights	چراغ های روشنایی
heads of state	دولتمردان
Heads of State	سران كشورها
health care	خدمات درمانی
heart attack	سكته
heart valves	دریچه های قلب
heart-breaker	دلشكن
hearts	قلوب

heating appliances لوازم گرمایشی
heavenly matter ماده افلاک
heavenly sky فلک
heavy water آب سنگین
Hebrew عبری
hectare هکتار
heel پاشنه
hefty costs هزینه های گزاف
helicopter بالگرد
heliocentric system نظام خورشید مرکزی
hell دوزخ
helmet کلاه ایمنی
herbal compounds ترکیبات گیاهی
herd گله
hereby بدینوسیله
hereditary موروثی
heretics تکفیری ها
heritage میراث
hesitation تردید
hidden مخفی
hidden مستتر
hidden نهفته
hideous شنیع
hiding place مخفیگاه
hierarchy سلسله مراتب
High Council شورای عالی
high income پردرآمد
high-ranking official مسند دار
high-ranking officials مسؤلان ارشد
high-ranking officials مقامات عالی رتبه
high-ranking political committee هیأت بلند پایه سیاسی
higher education centers مراکزآموزش عالی
higher value ارزش والا
highest ranking بلندپایه ترین
hint سرنخ
historical castle قلعه تاریخی
historical monuments ابنیه تاریخی
hobby دلمشغولی
Hobson's choice, no alternative ناچاری
holidays اعیاد
holy عظیم الشأن
home country میهن
homogenizing یکدست سازی
honesty صداقت
honor افتخار
honor killings قتل های ناموسی
honorable معظم
honored مفتخر
honoring پاس داشتن
hooligans افراد شرور
horizontal افقی
hornpipe سرنا
horrendous دهشتناک
horrifying events حوادث سهمگین
hospitable مهماندوست
host میزبان
hostage-taking گروگانگیری
hostile خصمانه
hot fever تب حاد
house سرا
household خانوار
housewifery کدبانوگری
however درعین حال
howling of wolves زوزه گرگ
hubbub هیاهو
huge غول پیکر
human انسانی
human capital سرمایه انسانی
human prosperity سعادت بشریت
human rights حقوق بشر
human trafficking قاچاق انسان

humanitarian	بشردوستانه
humanitarianism	نوع دوستی
humanities	علوم انسانی
humankind	ابنای بشر
humidifier	دستگاه بخور
humiliate	تحقیر کردن
hump	قوز
hunt, prey	صید
Hussein's mourners	سینه زنان حسینی
hybrids	دوگانه سوز
hygiene	بهداشت
hymn	سرود
hype	جنجال سازی
hypocrisy	تزویر
hypocrisy	دورنگی
hypothesis	فرضیه
hypothetical injured	مصدومان فرضی
hypothetical situations	شرایط فرضی
hypothetically	فرضاً
icon	شمایل
iconography	شمایل شناسی
ID	کارت شناسایی
ID number	شماره شناسنامه
ideal	ایده آل
idealistic	آرمانی
identically	عیناً
identify	شناسایی کردن
identity	هویت
ideology	ایدئولوژی
ideology	مرام
ideology	مسلک
idle	عاطل و باطل
idol	سمن
ignorance	جهل
ignore	چشم پوشی کردن
ignore	نادیده انگاشتن
ignore	نادیده گرفتن
ill-formed	بدقواره
illegal land possession	زمین خواری
illegal passing	سبقت غیر مجاز
illegitimate	نامشروع
illegitimate child	فرزند نامشروع
illicit sexual relationships	ارتباط جنسی نامشروع
illuminated	اشراقی
illustrated	مصور
illustration	تصویرگری
imagination	تخیل
imitation	تقلید
immediately	بلافاصله
immediately	فوراً
immoral	غیراخلاقی
immoralities	ذمائم اخلاقی
immovable properties	املاک غیرمنقول
immunity	مصونیت
impartial	بی طرف
impassable	صعب العبور
impatience	کم حوصلگی
impatience	نابردباری
impeachment	استیضاح
impede	مانع تراشی کردن
impermanent	گذرا
impersonal	غیرشخصی
impious act	ناصواب
implement	جامه عمل پوشاندن
implicit	ضمنی
implicitly	تلویحاً
import rate	میزان واردات
impose	تحمیل کردن
impossible	محال
impressive	چشمگیر
imprisonment	حبس تعزیری
improvisation	بداهه

in a detailed manner	به طورتفصیلی
in a nutshell	در یک جمع بندی نهایی
in a suspicious manner	به طرز مشکوکی
in abundance	به وفور
in amidst, among	درلابه لای
in between	در حد فاصل
in brief	به اجمال
in due time	درموعد مقرر
in itself	به نوبه خود
in line with	درراستای
in parallel	به صورت موازی
in parallel with	به موازات آن
in particular	بالاخص
in person	شخصاً
in reference to	به استناد
in regards to	درباب
in terms of	ازحیث
in terms of	به لحاظ
in the first place	دروهله نخست
in the realm of	درحوزه
in the realm of	درحیطه
in the realm of	درعرصه
in this regard	ازاین حیث
in this regard	دراین راستا
in this way	به این منوال
inalienable rights	حقوق مسلم
inappropriate	مذموم
inappropriate	ناشایست
inappropriate behavior	رفتارنابجا
inattention	بی توجهی
inaugurate	افتتاح کردن
inauguration	افتتاحیه
inauspicious	نامیمون
incentive approach	روش های تشویقی
inchoate	نیمه تمام
inclined	مایل
include, fit, jam	گنجاندن
including	اعم از
income creation	درآمدزایی
income distribution	توزیع درآمد
incomplete	ناقص
inconsistent	متناقض
increasing	فزاینده
increasing day by day	روزافزون
increasing growth	رشد فزاینده
increasingly	به نحوروبه افزایشی
inculcation	تلقین
indeed	انصافاً
indefinite	نکره
independence	استقلال
independent film studios	استودیوهای فیلم سازی مستقل
index, indicator	شاخص
indicator	مبین
indicator	معرف
indifferent	بی تفاوت
indigenous languages	زبان های بومی
indisputable right	حق مسلم
individualism	شخص محوری
individualism	فردگرایی
individuality	فردیت
induce	القا کردن
indulgence	افراط
industrial factory	کارخانه صنعتی
inefficient	ناکارآمد
inept	بی عرضه
inertia	سکون
inevitable	ناگزیر
inexperienced	کم تجربه
infantile paralysis	فلج اطفال
infatuate	شیفته کردن
infectious	عفونی

infertile couples	زوج های نابارور
infertility	ناباروری
infertility treatment	درمان نازایی
inflation	تورم
inflation rate	نرخ تورم
inflationary impacts	اثرات تورمی
influence	نفوذ
influential	اثرگذار
influential	تأثیرگذار
influential (person)	صاحب نفوذ
inform	به اطلاع رساندن
information ministry	وزارت اطلاعات
informed	آگاه
infrastructure	تأسیسات زیربنایی
ingredients	مواد اولیه
inheritance	ارث ومیراث
inheritance	ارثیه
inheritance (legal actions to determine the iheritance)	حصر وراثت
inheritor	میراث دار
initiative	قریحه
inject	تزریق کردن
injury-causing crashes	تصادفات جرحی
innate	فطری
inner ring of the physical market	رینگ داخلی بازار فیزیکی
innocence	معصومیت
innocent (legal)	مبری
innocent (sinless)	معصوم
innovation	نوآوری
innovative	مبتکرانه
inquirers	پرسشگران
inquiry	استعلام
inseparable	جدایی ناپذیر
inserted	مندرج
insight	بینش
insist	اصرارداشتن
insist	پافشاری کردن
inspection	بازرسی
inspire	الهام کردن
inspiring	الهام بخش
install	نصب کردن
instances	مصادیق
instantly	دردم
institution	نهاد
instructions	دستورالعمل
instrumental insight	بینش ابزاری
instrumentalist, musician	نوازنده
instruments	آلات
insufficient	نارسا
insult	توهین
insulting	تحقیرآمیز
insurance companies	سازمان های بیمه گر
insurance coverage	پوشش بیمه ای
integrated	یکپارچه
integrity	تمامیت ارضی
intellectual maturity	بلوغ فکری
intellectual movement	جنبش فکری
intellectual system	منظومه فکری
intellectuals	متفکران
intelligence agency	سازمان اطلاعاتی
intend to	درصدد برآمدن
intensify	مضاعف کردن
intention	غرض
intentions	منویات
intentions	نیات
interaction	تعامل
interdisciplinary	بینارشته ای
interests	علایق
interfere	دخالت کردن
interference	تداخل
intermediaries	واسطه ها

international affairs	روابط بین الملل
international circles	مجامع بین المللی
international conference center	مرکزهمایشهای بین المللی
international peace	صلح بین الملل
international relations analyst	تحلیلگرروابط بین الملل
interpretable	تأویل پذیر
interpretation	برداشت
interpretation	تأویل
interpretation	تعبیر
interpretations	تفاسیر
interpretive look	دید تأویلی
interruption	وقفه
interruption, diffusion	افاضه
intertwined	درهم تنیده
intervention	مداخله گری
interview	مصاحبه
intimidated	مرعوب
intimidation	ارعاب
intricacy	پیچیدگی
intricate	تیزبین
introducing people to each other	معارفه
introduction	مقدمه
introduction ceremony	مراسم معارفه
introduction, foreword	درآمد
intruder	مزاحم
intuitive intellect	عقل شهودی
intuitive vision	رؤیای شهودی
invade	تاختن
invalidate	ساقط کردن
invalidity	بطلان
invention	اختراع
investigation	تحقیق و تفحص
investment	سرمایه گذاری
investment growth	رشد سرمایه گذاری
investment risk	ریسک سرمایه گذاری
inviolable	خدشه ناپذیر
invitees	مدعوین
invocation	نیایش
involved	دخیل
Iran's military establishment	تشکیلات ارتش ایران
irregular	بی رویه
irrelevant	نامربوط
irrevocable	بازگشت ناپذیر
irrigate	آبیاری کردن
irritant	دلخراش
Islamic logic	منطق اسلامی
Islamic regulations	احکام
Islamic seminary student	طلبه
Islamic spirit	روح اسلامی
Iso-recycle	آیزوریسایکل
isolated	منزوی
issuance	صدور
issues	مسائل
issuing the license for a play	صدور پروانه نمایش
itching	خارش
jail	بازداشتگاه
jasmine	یاسمن
jaw	فک
Jazz	جاز
jerk	خیز
Jihad	جهاد
job creation	اشتغالزایی
job opportunities	فرصت های شغلی
job security	امنیت شغلی
jobs	مشاغل
joint statement	بیانیه مشترک
joint-stock company	شرکت سهامی
journalist	روزنامه نگار

joy	نشاط
judges	قضات
judgment	قضاوت
judgment, arbitration	داوری
judicial power	قوه قضائیه
juggler	شعبده باز
jurist	حقوقدان
jurists (Islamic)	فقها
jury	هیأت منصفه
justice	انصاف
justifiability	روایی
justifiable	توجیه پذیر
justification	توجیه
keep one's distance	فاصله گرفتن
kidney	کلیه
kidney transplant	پیوند کلیه
kill	به هلاکت رساندن
kinds	اقسام
kings	سلاطین
kinship	خویشاوندی
kissing	روبوسی
knave	رند
know of	سراغ داشتن
knowledge, insight, wisdome	معرفت
labor	مزدوری
lack	فقدان
lack	نبود
lack	عدم
lack of attention	کم توجهی
lacking	فاقد
ladder	نردبان
lament	مویه کردن
land	سرزمین
land mine	مین
lands	اراضی
landscape	چشم انداز
landscape; perspective	دورنما
landslides	ریزش کوه
large grape	مویز
large sums	مبالغی هنگفت
lasting	پاینده
lasting	ماندگار
latest example	تازه ترین نمونه
law-abiding	تابع قانون
lawyers	حقوق دانان
layer	لایه
lead to	منجرشدن
leader (general)	رهبر
leader (negative connotation)	سرکرده
leader (of a group)	سردسته
leading actor	بازیگرنقش اصلی
leading to	منتهی
leak	درزکردن
leaning	تکیه
lease	اجاره
leather products	محصولات چرمی
leave of absence	مرخصی
leg cramps	گرفتگی پا
legal	حقوقی
legal counseling	مشاوره حقوقی
legal limit	حد مجاز
legal person	شخصیت حقوقی
legal speed	سرعت مطمئنه
legal, acceptable	مجاز
legend	اسطوره
legitimacy	حقانیت
legitimacy	مشروعیت
legitimize	اباحه کردن
leniency	تساهل
lesser degree	مرتبه نازله
lethargy	رخوت
level	سطح

levy, tax باج گیری
liberalization آزادسازی
liberate رهاندن
library attendant تصدی کتابخانه
license پروانه فعالیت
license مجوز
license to make پروانه ساخت
license to practice law پروانه وکالت دادگستری
licensing صدورمجوز
lies اکاذیب
lifetime مادام العمر
lifting restrictions and imprisonment رفع حصروحبس
ligament رباط
lineage اصل وتبار
lines سطور
liquidation; freeing تفریغ
liquidity نقدینگی
liquidity (ability) نقدشوندگی
list (legal) سیاهه
literacy باسوادی
literacy program سوادآموزی
literary elements صنایع ادبی
literary prize جایزه ادبی
little اندک
little ناچیز
liver کبد
living معیشت
living conditions وضعیت معیشتی
loading بارگیری
loan وام
loan translation گرته برداری
located واقع
locating جانمایی
location لوکیشن
logic-centeredness منطق مداری
logical منطقی
longstanding friendship دوستی دیرینه
look (verb) نگریستن
loot به یغما بردن
loot غارت کردن
looters تاراجگران
lorgnette عینک پنسی
loss ضایعه
loss of appetite بی اشتهایی
loss of meaning معنا باختگی
lovers عشاق
loving مهرورزی
low position مقامی پست
low usage lamp لامپ کم مصرف
low-income class اقشار کم درآمد
lowly behavior خوی پست
lubrication روانسازی
luck اقبال
lung ریه
luxury goods کالای لوکس
machinery ماشین آلات
macroeconomics اقتصاد کلان
madly دیوانه وار
mafia مافیا
Mafia bands باندهای مافیایی
magic wand عصای جادویی
magnifying بزرگنمایی
mainly عمدتاً
major رشته
major policy سیاست عمده
majority قریب به اتفاق
make a pledge عهد بستن
make the effort همت گماشتن
make void, cancel ابطال کردن
makeup گریم
malice عناد

malignant	بدخیم	medallion	مدال
man of one's dreams	مرد رؤیاها	media	رسانه ها
management	مدیریت	media and communications	رسانه وارتباطات
management experience	تجربه مدیریتی	media coverage	پوشش رسانه ای
managing director	مدیرعامل	medicine of Avicenna	طب ابن سینایی
mandala	مندله	megacity	ابرشهر
maneuver	مانوردادن	megacity	کلانشهر
manifestation	جلوه	melancholy	سودا
manipulation	دخل وتصرف	melodrama	ملودرام
manufacturing sector	بخش تولید	melody	ملودی
manuscript, note	دستنوشته	member	عضو
marble	مرمر	members	اعضا
margin	حاشیه	members of parliament	نمایندگان مجلس
margins	حواشی	membership	عضویت
marijuana	ماری جوانا	memorable	به یادماندنی
marital problems	مشکلات زناشویی	Memorandum of Understanding	تفاهم نامه
marketing	بازاریابی	memorial	یادمان
marsh	مرداب	memorial ceremony	مراسم یادبود
martial court	دادسرای انتظامی	mental confusion	آشفتگی فکری
martyrdom	شهادت	mentality	ذهنیت
marxism	مارکسیسم	mentioned	ذکرشده
mask	نقاب	merchants	تجار
mass pleasing	توده گرایانه	meta-textual	فرامتنی
mass, mob	توده	metaphor	استعاره
massacre	قتل عام	metaphysic	متافیزیک
massive	انبوه	meteorology	سازمان هواشناسی
master, chief	سرور	method	روال
material	ماده	method of treatment	نحوه درمان
material degree	مرتبه مادی	method of use	نحوه استفاده
maternity leave	مرخصی زایمان	methodology	روش شناسی
mausoleums	بقاع	meticulous	موشکافانه
meaningful negotiation	مذاکره معنی دار	mid	اواسط
measure (verb)	سنجیدن	Middle Ages	قرون وسطی
measure, caution (noun)	تدبیر	Middle East	خاورمیانه
measures taken	تدابیراتخاذ شده	middle part	بحبوحه
mechanism	سازوکار	middleman	دلال

midlife	میانسالی
milestone	نقطه عطف
military	نظامی
military assualt	حمله نظامی
military capabilities	قابلیت تسلیحاتی
military exercise	رزمایش
mill	آسیاب
millennium	هزاره
minds	اذهان
miner	معدنچی
minerals	املاح معدنی
miniature	مینیاتور
miniaturization	کوچک سازی
minimal resources	حداقل منابع
minimal wage	حداقل حقوق
minister	وزیر
minister of defense	وزیردفاع
ministers	وزرا
ministry of mining and industries	وزارت صنایع ومعادن
ministry of the treasury	وزارت خزانه داری
minutes	دقایق
miracle	اعجاز
misbelief	باورغلط
miscellaneous	متفرقه
misconduct	خلافکاری
misfortune	شوربختی
misinterpret	سوء تعبیرکردن
mislead	گمراه کردن
missing element	عنصرمفقوده
missing in action	مفقود الاثر
mission	مأموریت
misunderstanding	برداشت غلط
misunderstanding	سوء تفاهم
misunderstanding	کج فهمی
mix	قاطی کردن
mixed	مختلط
mixing	اختلاط
moan (noun)	ناله
moan (verb)	نالیدن
mobile, moving	سیار
mockery	مضحکه
mockingbird	مرغ مقلد
moderate (genral)	معتدل
moderate (person, political party)	میانه گرا
moderation	اعتدال
moderation	میانه روی
modest	متواضع
modesty	فروتنی
monastery	صومعه
monitoring	پایش
monks	راهبان
monopoly	انحصارطلبی
monster	هیولا
moral consensus	اجماع اخلاقی
morality	اخلاق
moratorium	استمهال
morning shift	شیفت صبح
mortal	فناپذیر
Mosaic Iran	ایران موزائیکی
most important	اهم
motherhood	مادرانگی
motif	بن مایه
motivation	انگیزه
motor number	شماره موتور
mountain pass	گردنه
mourning	سوگ
mourning	عزاداری
mouth, larynx	خرخره
move	نقل مکان کردن
moveable	منقول
movement (political)	جنبش

movements	تحرکات
moving	حمل اثاثیه
moving pictures	تصاویر متحرک
multi-layered	چندلایه
multiplicity	کثرت
municipality	شهرداری
munificent	منان
murderer	آدمکش
muscles	عضلات
musical talent	ذوق موسیقایی
Musicals	نمایش های موزیکال
musician	آهنگساز
mutual understanding	تفاهم متقابل
mysterious	مرموز
mystic	عارفانه
mystic, spiritual	عرفانی
nadir, lowest point	حضیض
nail	ناخن
naive	ساده دل
naked eye	چشم غیرمسلح
names	اسما
naming	نامگذاری
narrative	روایت
narrator	روایتگر
narrow alleys	کوچه پس کوچه ها
nation	ملت
national accord	وفاق ملی
national achievement	دستاورد ملی
national convention	میثاق ملی
national economic growth	رشد اقتصاد ملی
national front	جبهه ملی
national media	رسانه ملی
national movement	نهضت ملی
national security	امنیت ملی
national team	تیم ملی
national unity	وحدت ملی
national wealth	ثروت ملی
national-religious party	گروهک ملی ـ مذهبی
natives, regional peoples	ساکنان بومی
natural realms	عرصه های طبیعی
naturally	طبیعتاً
nature	ماهیت
nature (person)	فطرت
navel	ناف
Nazis	نازی ها
necessarily; therefore	لاجرم
necessity	الزام
necessity	ضرورت
necessity	لزوم
negative growth	رشد منفی
negative outcome	پیامد منفی
neglect (noun)	غفلت
neglect (verb)	غافل شدن
neglected	مغفول
negotiation table	میزمذاکره
negotiations	مذاکرات
nervousness	عصبیت
nevertheless	مع الوصف
newfound	نوظهور
news agency	پایگاه اطلاع رسانی
news events	رویدادهای خبری
newspaper manager	مدیرمسؤول روزنامه
next of kin to a victim	اولیای دم
next year	سال آتی
night time	شامگاه
nightmare	کابوس
nihilism	نیهیلیسم
Nobel peace prize	جایزه صلح نوبل
noble	شریف
noble, original	اصیل
nobles	نجیب زادگان
noise pollution	آلودگی صوتی

non-aristocratic غیراصیل
non-cash غیرنقدی
non-governmental organizations (NGOs) نهادهای غیردولتی
non-peaceful uses استفاده غیرصلح آمیز
non-stop بدون وقفه
non-tangible ناملموس
non-tangible; not perceived through senses غیرقابل محسوس
nonprofit غیرانتفاعی
nonsense مهمل
norm-breaking هنجارشکنی
normalization عادی سازی
norms هنجارها
nostalgia دلتنگی
not meeting ends نخواندن دخل وخرج
notable قابل اعتنا
note تبصره
notice (legal, response) جوابیه
notice (legal, summoning) اخطاریه
nourishing مقوی
novel بدیع
now اینک
nuclear هسته ای
nuclear bomb بمب هسته ای
nuclear dialogues گفت وگوهای هسته ای
nuclear explosions انفجارهای هسته ای
nuclear facilities تأسیسات هسته ای
nuclear weapon سلاح هسته ای
numbers, digits ارقام
numbness کرختی
nursing پرستاری
nutritious مغذی
nuts آجیل
oak بلوط
obedient to guardian jurist ولایتمدار
obey تمکین کردن
objective عینی
objective (having an objective viewpoint) عینی نگر
objects اشیاء
obliged ملزم
obliged, duty-bound موظف
observance رعایت
observe رصد کردن
observer نظاره گر
observing safety regulations رعایت اصول ایمنی
obsolete مهجور
obstacle مانع
obstacles موانع
obstinacy لجاجت
obstinate خودسر
obtaining اخذ
obtaining by misrepresentation, hypocracy تدلیس
obviate مرتفع کردن
obvious بدیهی
occasion مناسبت
occupation of public lands تصرف اراضی ملی
occupation of the embassy اشغال سفارت
occupied اشغالی
occur حادث شدن
ocean-going vessels کشتی اقیانوس پیما
oceanography اقیانوس شناسی
of little importance کم اهمیت
offence قانون شکنی
offence, indignation کدورت
offices دفاتر
officials دست اندرکاران
officials مأموران
officials مسئولان
oil minister وزیرنفت

oil nationalization	ملی شدن نفت
oil products	فرآورده های نفتی
oil revenue	درآمدهای نفتی
oil tanker	نفت کش
old age, senility	کهولت
old house to be demolished	کلنگی
old wounds	زخم های کهنه
omissions	حذفیات
on the one hand	ازیکسو
on the other hand	ازسویی دیگر
one-dimensional	تک بعدی
one-sided, meanly	مغرضانه
one-way	یکطرفه
ontological position	شأن وجودی
ontology	هستی شناسی
opacity	تاری
open	علنی
open court of parliament	صحن علنی مجلس
open-door policy	سیاست درهای باز
opening (deverbal noun)	گشایش
opening, slot	روزنه
openly	آشکارا
operating room	اتاق عمل
operational dimension	بعد عملیاتی
operations	واحد عملی
operator	اپراتور
opium	تریاک
opponents	معارضان
opportunity to pause and reflect	فرصت مکث و تأمل
opportunity, chance (negative)	مجال
opportunity, chance (positive)	فرصت
opposition	اپوزیسیون
oppressed	ستمدیدگان
oppression	ظلم وستم
optical nerves	اعصاب بینایی
optimal use	استفاده بهینه
optimistic	خوش بینانه
optimistically	خوشبینانه
optimum	بهینه
order	سامان
organ	ارگان
organ donation	اهدای اعضای بدن
organism	اندامه
organization	سازمان
organizational structure	ساختارسازمانی
organizing	ساماندهی
orientation	گرایش
origin	خاستگاه
origin	منشاء
originally	اصالتاً
originator	مبدع
Oscar nomination	نامزدی اسکار
Oscar nominee	نامزد اسکار
OTC (over-the-counter finance)	فرابورس
out of place	بیجا
outbreak of disease	شیوع بیماری
outburst of social passion	غلیان شوراجتماعی
outcome	ماحصل
outreach	کمک رسانی
outsider	غیرخودی
outsourcing	برون سپاری
overcome	چیره شدن
overcome	فائق آمدن
overdue receivables	مطالبات معوق
overflow	سرریز
overshadow	تحت الشعاع قرار دادن
overthrowing	براندازی
overthrowing the government	براندازی نظام
ownership	ملکیت
paddle	دست و پا زدن
page designing, graphics	صفحه آرایی

page numbers	شمار صفحات
paint cans	قوطی رنگ
painting	نگارگری
palace	کاخ
panegyrist	مداحان
parade	رژه رفتن
paradigm	پارادایم
parallel	موازی
paramedical	پارامدیکال
parliamentary relations	روابط پارلمانی
parrot	طوطی
participants	شرکت کنندگان
participation party	حزب مشارکت
partners	شرکا
partners in crime	شرکای جرم
partnership	مشارکت
party	ضیافت
party (political)	حزب
pass (card)	کارت عبور
pass (noun)	عبور
passage of life	گذران عمر
passage of time	گذرزمان
passages	معابر
passenger plane	هواپیمای مسافری
passersby	رهگذران
passion	شور
passionate	پراحساس
passionately	شورمندانه
passive	منفعل
passive defense	پدافندغیرعامل
passively	منفعلانه
passivity	انفعال
pathology	آسیب شناسی
patience	شکیبایی
patience, endurance	حوصله
pause	درنگ
paying respect	ادای احترام
peace	صلح
peace messengers	پیام آوران صلح
peace seeking	صلح جویی
peaceful	مسالمت آمیز
peacock	طاووس
peak	رأس
peak of popularity	اوج محبوبیت
peddler	دستفروش
peddler's stall	بساط دستفروش
pedestrian, sidewalk	پیاده رو
pedophilia	آزارجنسی کودکان
peers	همقطاران
penname	اسم مستعار
people with a disease	مبتلایان
people-oriented	مردم مدار
people's rights	حق الناس
perceive	دریافتن
perception	درک
perceptions	ادراکات
performance	عملکرد
perfunctory	سرسری
perhaps	چه بسا
period	برهه
peripheral line	خط محیطی
perishable materials	مواد فاسد شدنی
permeability	نفوذ پذیری
perpetration	ارتکاب
perpetrators	مرتکبین
perplexity	سرگشتگی
perseverance	پشتکار
Persian Gulf region	منطقه خلیج فارس
persistence	سماجت
personage	پرسوناژ
personal abuse	سوء استفاده شخصی
personal experiences	تجربه های شخصی

personal opinion	عقیده شخصی
personnel	پرسنل
persons	افراد
perspective	منظر
pervasive	فراگیر
pessimist	بدبین
petition	دادخواست
petrochemical methanol	متانول پتروشیمی
petrochemistry	پتروشیمی
petty crimes	جرایم کوچک
phantom	شبح
pharmacology	داروسازی
phase	فاز
phenomenon	پدیده
philosophical load	بارفلسفی
photography	تصویربرداری
physical	جسمانی
physical cosmology	جهان شناخت فیزیکی
physical dimensions of sound	ابعاد فیزیکی صوت
pile up, amass	اندوختن
pile up, store	انباشتن
pillar	رکن
pillars	ارکان
pioneer	آغازگر
pioneer	پیشرو
pioneer	علمداران
pirates	دزدان دریایی
pit	گودال
pitch	زیروبمی
place of occurrence	محل وقوع
places	اماکن
plagiarism	سرقت ادبی
plaintiff	شاکی
plane tree	درخت چنار
planning	برنامه ریزی

planning and budget commission	کمیسیون برنامه و بودجه
plastic surgery	جراحی پلاستیک
plateau	فلات
play a musical instrument	نواختن
play a role	نقش آفرینی کردن
playwright	نمایشنامه نویس
pleasant	باصفا
pleasant	خوشایند
pleasant	دلپذیر
pleasant	دلچسب
pleasure	حظ
plenipotentiary	تام الاختیار
plot (literature)	پی رنگ
plot, scheme	توطئه
plunder	چپاول
plutonium	پلوتونیوم
poetic	شاعرانه
point to consider	نکته قابل تأمل
pointing out	با اشاره به
poison	سم
Poland	لهستان
political circles	محافل سیاسی
political debate	مجادله سیاسی
political doctrines	آموزه های سیاسی
political factions	جناح های سیاسی
political friction	اصطکاک سیاسی
political meeting	میتنگ
political meetings	جلسات سیاسی
politics; policy	سیاست
poll	نظرسنجی
polling	رأی گیری
pollutant	آلاینده
polo	چوگان
pompous	پرطمطراق
pond	تالاب

poor	تنگدست
poor areas	مناطق محروم
poor neighborhoods	محلات فقیرنشین
Pope	اسقف اعظم
popular	عامه پسند
popularity, mode	وجهه
populism	پوپولیسم
populism	توده گرایی
ports	بنادر
posed	مطروحه
position, rank	سمت
position, status	موضع
positions	مواضع
possession, belonging	مال
possessions, belongings	اموال
possible	امکان پذیر
possible complications	عوارض احتمالی
post-market	پسابازار
post-modernism	پست مدرنیسم
postpone	به تأخیرانداختن
pot	دیگ
potential	بالقوه
potentials	پتانسیل ها
pounding	کوبنده
poverty	فقر
power	توان
power takeover	قبضه قدرت
powerful	توانمند
powerful	زورمند
powers	اختیارات
practical arrangements	تمهیدات عملی
practice law	وکالت کردن
praise	تمجید
praise God and the prophet	صلوات فرستادن
precautionary	پیشگیرانه
precedent	مسبوق به سابقه
precondition	پیش شرط
predicament	مخمصه
prediction	پیش بینی
preferably	ترجیحاً
pregnant	باردار
prejudgment	پیش داوری
preparation	تمهید
prepare	تدارک دیدن
preparing the atmosphere	فضاسازی
prerequisite	پیش نیاز
preschool and elementary levels	مقاطع آمادگی وابتدایی
prescribe	تجویز کردن
prescribing	نسخه پیچی
prescription; copy	نسخه
presence	حضور
present	ارائه دادن
president (of a country)	رئیس جمهور
president of a guild association	رئیس انجمن صنفی
president of the university	رئیس دانشگاه
press conference	نشست خبری
prestige	پرستیژ
presupposition	پیش فرض
pretext	بهانه
prevent	جلوگیری کردن
prevent	مانع شدن
prevention	پیشگیری
prevention	ممانعت
previous section	بخش پیشین
price boost	جهش قیمت ها
price discovery	کشف قیمت
pride	سربلندی
priest	کشیش
prime minister	نخست وزیر
principle	اصل

principles شؤون
prioritizing اولویت بندی
priority اولویت
prison زندان
privacy حریم خصوصی
private خصوصی
privatization خصوصی سازی
privileged ممتاز
probability quotient ضریب احتمال
probe کاوشگر
problems معضلات
procedure رویه
process پروسه
process فرآیند
processing پردازش
proclamation ابلاغیه
production تولید
production line خط تولید
productivity توان تولید
professional حرفه ای
profit سود
profit-seeking agents عوامل سودجو
profitability سودآوری
profound ژرف
progress پیشبرد
progress روبه جلو بودن
project پروژه
project manager مدیرپروژه
projection فرافکنی
prolific; hardworking پرکار
promise (noun) نوید
promise (verb) وعده دادن
promising امیدوارکننده
promotion ارتقای شغلی
promotion, advancement ترویج
promotional funds وجوه تبلیغاتی
proofs مستندات
propaganda تبلیغ
propagandizing جوسازی
properties خواص
property خاصیت
property code کد مالکیت
prophetic mission رسالت
prophetical رسولانه
proportion تناسب
proportional متناسب
prosecution پیگرد قانونی
prosperity سعادت
protected region حوزه استحفاظی
protection صیانت
protection, preservation حفاظت
protest اعتراض
protest group تجمع اعتراضی
protestable اعتراض آمیز
protesters معترضان
protocol پروتکل
prove به اثبات رساندن
provide فراهم کردن
providing تأمین
proving اثبات
provoke برانگیختن
provoking compassion ترحم آمیز
provoking, motivating انگیزاننده
prowling تکاپو
proximity قرابت
psycho-cognition روان شناختی
psychoanalytically روانکاوانه
psychotropic روانگردان
public auction مزایده عمومی
public opinion افکارعمومی
public participation مشارکت عموم مردم
public place مکان عمومی

public prosecutor	مدعی العموم
public protests	اعتراض سراسری
public relations	روابط عمومی
publicist	تبلیغات چی
publicity	پیام های بازرگانی
publisher	ناشر
publishing domain	حوزه نشر
publishing industry	صنعت نشر
puff	پک زدن
puffed chips	پفک
pulse	نبض
pulse, beat	تپش
pumping	پمپاژ
punishment	تنبیه
punishment, sentence (legal)	مجازات
purchasing power	قدرت خرید
pure (person)	منزه
pure (thing)	ناب
pure art	هنر ناب
purgatory	برزخ
purely intellectual	معرفتی
purpose	مراد
purse snatching	کیف قاپی
push	هل دادن
put under a magnifying glass	زیرذره بین قراردادن
put up for auction	چوب حراج زدن
pyramid	هرم
Qizilbash	قزلباش
qualifying	احراز
qualitative	کیفی
quality assessment	ارزیابی کیفی
quantitative	کمی
quantitative development	توسعه کمی
quantity and quality	کم وکیف
quarrel	ستیز
quasi-governmental	شبه دولتی ها
query	جستار
questionnaire	پرسشنامه
queue	صف
quorum	حد نصاب
quota	سهمیه
quote	نقل کردن
racial	نژادی
racial discrimination	تبعیض نژادی
racism	نژادپرستی
radar	رادار
radical	رادیکال
radical, extremist	تندرو
radio and television	صداوسیما
ragged rope	طناب پوسیده
rainbow	رنگین کمان
raise awareness	واقف نمودن
raisin	کشمش
ramification	انشعاب
ranking	رتبه بندی
rare	نایاب
rare commodity	کالایی کمیاب
rare species	گونه نادر
rational	عقلانی
raw money	پول خام
rays of light	انوار
re-reading	بازخوانی
reach completion	به اتمام رسیدن
reaching	نیل به
reaction	واکنش
reactionary	ارتجاعی
reading	قرائت
reading, interpretation	خوانش
real person	شخصیت حقیقی
realistic	واقع بینانه
reality show	شوی واقع گرایانه

realization	تحقق
realm	ساحت
realm	عرصه
realms	عوالم
reason-oriented	عقل مداری
reason, whyness	چرایی
reasonable	سنجیده
reasoning	استدلال
reasoning	تعقل
reasoning power	قوه استدلالی
reasons	دلائل
reassurance	اطمینان بخشی
reassure	خاطرنشان کردن
rebel	طغیان کردن
rebuke	ملامت
receive a blessing	ثواب بردن
receiving	کسب
recession	رکود
recite	اقامه کردن
recite, read	قرائت کردن
reckless	بی اعتنا
recognizable	قابل شناسایی
recognize	به رسمیت شناختن
recognizing symptoms	شناخت علائم
recommendation	توصیه
reconciliation	آشتی
reconstruction	بازسازی
record (facts and events)	احصا
record (facts and events)	ثبت
record (in *breaking the record*)	رکورد
record breaker	رکوردشکن
recorded in archives	بایگانی شدن
recovery	بهبود
recreational facilities	امکانات رفاهی و تفریحی
red handed	بزنگاه
refer to	رجوع کردن
refer to	مراجعه کردن
referee, judge	داور
references	مراجعات
referred to	ارجاع شدن
refine	پالایش
refinery	پالایشگاه
reflect	منعکس کردن
reflection	بازتاب
reflection, echo	واگویه
reformers	مصلحان
reforms	اصلاحات
refrigerator	سردخانه
refuge	مأوا
refugees	آوارگان
refund	بازپرداخت
refusal	استنکاف
regardless the fact that	صرفنظرازاین که
regime	رژیم
regime of that time	رژیم وقت
region	منطقه
regional priority	اولویت بومی
regions	مناطق
register	ثبت کردن
registry of births and deaths	ثبت احوال
regret (noun)	پشیمانی
regret (noun)	حرمان
regret (verb)	تأسف خوردن
regrettable	تأسف بار
regulation	قاعده
regulations	ضوابط
regulations	مقررات
regulations	موازین
regulatory	قانونمدار
reiterate	تصریح کردن
related	مرتبط
relations	روابط

relations; occasions	مناسبات
relationship	مراوده
relatives	بستگان
release	اکران
relevant experience	سوابق مرتبط
relevant form	فیش مربوطه
reliable	مورد وثوق
reliance	اتکا
religions	ادیان
religiosity	دینداری
religious	متدین
religious hatred	انزجارمذهبی
religious minorities	اقلیت های دینی
religious sect	فرقه مذهبی
relinquishment	انصراف
relying on	با اتکا به
remaining, rest	مابقی
remains	بقایا
remarks	بیانات
remind	متذکر شدن
reminder	یادآور
reminding	تذکر
removal and installation	عزل و نصب
remove the ban on writing	برداشتن ممنوعیت قلم
removing a charm	افسون زدایی
removing the ban	برداشتن ممنوعیت
remuneration	سزا
Renaissance	رنسانس
renew	تجدید کردن
renowned	سرشناس
rent-seeking	رانت خواری
reopening (action)	بازگشایی
repair	مرمت
repeated	مکرر
replace	جایگزین کردن
replaced	معوض
replica	بدل
report card	کارنامه
reporter	گزارشگر
representation	مصداق
representative	نشاندهنده
request	خواهان شدن
request	طلبیدن
require	اقتضا کردن
require	ایجاب کردن
required	مستلزم
requirements	شرایط مورد نیاز
research	تفحص
research committee	کمیته تحقیق
researcher	پژوهشگر
resentment	رنجش
reservation	تحفظات
reservation	تقیه
residence	اقامتگاه
residence	منزلگاه
resignation	استعفا
resignation	کناره گیری
resignee	مستعفی
resistance	ایستادگی
resistance	مقاومت
resistance front	جبهه مقاومت
resolution	قطعنامه
resort	مفر
resort to	متوسل شدن
resorting	توسل
resorting to force	توسل به زور
respect	احترام قایل شدن
respect	بزرگداشت
respect	حرمت
respectable	مکرم
respiratory diseases	بیماری های تنفسی
respiratory problems	مشکلات تنفسی

restoration	ترمیم
restraint	خویشتنداری
restricted	درحصار
restriction	محدودیت
result, fruit	ثمره
resultant	برآیند
resulting in	انجامیدن
resume	ازسرگیری
retina	شبکیه
reveal	عیان کردن
reveal	فاش کردن
revealed	نازل
revealing documents	روکردن اسناد
revelation	مکاشفه
revenge	انتقام
revenge taking	کین خواهی
revenge taking	کینه توزی
reverberation	ولوله
review	بازبینی
review	بازنگری
revision	تجدید نظر
revolutionary	انقلابی
reward	پاداش
rhythm	ضرباهنگ
ribbon	روبان
rich culture	فرهنگ غنی
richness	غنا
ridicule	تمسخر
ridiculous	مسخره
ridiculousness	مسخره بازی
rights	حقوق
rights seeker	حق طلب
risk taking	ریسک پذیری
rival	رقیب
road	جاده
road casualties	تلفات جاده ای
roads	محورهای ارتباطی
roam	پرسه زدن
Rock	راک
rocky	سنگلاخ
ROI (Return On Investment)	بازدهی
role-players	ایفاگران
role-playing	نقش آفرینی
Roman Empire	امپراطوری روم
romantic	رمانتیک
root	ریشه
roots	رگ و ریشه
round the clock	شبانه روزی
roundtable	میزگرد
routine	روزمرگی
ruby	یاقوت
rude	پررو
rudeness	گستاخی
ruin	تباهی
rule-governed	ضابطه مند
ruler	خط کش
ruling class	طبقه حاکمه
rumors	شایعات
sabotage	کارشکنی
sacred	مقدس
sacred defense (Iran-Iraq war)	دفاع مقدس
sacrifice	ایثار
sad	اندوهناک
sadly	به نحوغم انگیزی
safe	امن
safe-conduct	امان نامه
safeguard (verb)	پاسداری کردن
safeguards	پادمان
safety promotion	ارتقای ایمنی
sailing	دریانوردی
salt and sand tanks	مخازن نمک وماسه
salt and sand warehouse	دپوی نمک وماسه

salt marsh	شوره زار
salvation	رهایی
sampling	نمونه برداری
samsara, cycle of life	چرخه زندگی
sanction	تحریم
sanctity	قداست
sanitary and cosmetic products	محصولات آرایشی و بهداشتی
sapling	نهال
sarcasm	طعنه
Satan	ابلیس
Satan	شیطان
satellite	ماهواره
satin	اطلس
satire	طنز
satirical	طنزآمیز
satisfaction	رضایت
satisfaction (deverbal noun)	ارضا
savior of the world	منجی دنیا
say thanks	دست مریزاد گفتن
sayings	فرمایشات
scale	مقیاس
scandal	رسوایی
scattered	پراکنده
scenario	سناریو
scene	صحنه
scholar, expert	صاحب نظر
school	مکتب
school of thought	مکتب فکری
science minister	وزیرعلوم
science-fiction movies	فیلم های علمی ـ تخیلی
scientific	علمی
scientific tools	ابزارهای علمی
scout	طلایه دار
scrap	اوراق کردن
scream and shout	جیغ و فریاد
screed, rant	درد دل
screening	غربالگری
sculptor	مجسمه ساز
scum	تفاله
seagull	مرغ دریایی
seal	صحه گذاشتن
sealed	ممهور
search	کاوش
seclusion	بیغوله
seclusion	کنج عزلت
second class human	انسان درجه دو
second degree murder	قتل شبه عمد
second hand goods dealer	مالخر
second wife	هوو
secondary industries	صنایع ثانویه
secret (noun)	راز
secret dialogues	گفت وگوهای محرمانه
secret, coded (adj)	سربسته
secretariat	دبیرخانه
secretary	منشی
Secretary General of NATO	دبیرکل ناتو
Secretary of the Supreme National Security Council	دبیرشورایعالی امنیت ملی
secrete	بیرون تراویدن
secretly	درخفا
secretory glands	غدد ترشحی
secrets	اسرار
secrets, mysteries	رموز
sect	فرقه
sections, levels	مقاطع
secular	لائیک
secular democracy	سکولاردموکراسی
secularism	سکولاریسم
securing someone's rights	احقاق حقوق
security	حراست

security cameras دوربین های حراست
security council شورای امنیت
security credibility اعتبارامنیتی
security meeting نشست امنیتی
security, safety امنیت
sedition فتنه
see رؤیت کردن
see off بدرقه کردن
seed بذر
seeking freedom آزادی طلبی
seeking independence استقلال خواهی
seeking justice عدالت خواهی
selected گزیده
selection of stories گزیده داستان
self-constructive خودبنیاد
self-criticism خودانتقادی
self-esteem خودباوری
self-identification همزادپنداری (همذات پنداری)
self-made خودساخته
self-praising خودستایانه
self-treatment خود درمانی
selfishness خودخواهی
Seljuk سلجوقی
semantics معنا
seminary course درس حوزوی
send ارسال نمودن
separate افراز
separate جداگانه
separate مجزا
separated منفک
separation, discharge انفصال
separation, teasing apart (deverbal noun) تفکیک
sequence (film) سکانس
serial killings قتل های زنجیره ای
serious crimes جرایم سنگین
serious harm آسیب های جدی
servant غلام
set (laws, rules) وضع کردن
set forth عازم شدن
settle مستقرشدن
setup راه اندازی
seventh art هنرهفتم
several robberies چند فقره سرقت
sewing خیاطی
sexual جنسیتی
sexual relations روابط جنسی
shabby; apparent نخ نما
shackle قید وبند
Shamanism شمنیسم
shared ownership املاک مشاع
Sharia standards موازین شرعی
sharply, cleverly تیزبینانه
sheer صرف
shepherd چوپان
Shiism تشیع
shine درخشش
shining Sun خورشید تابان
shipment محموله
shock شوک
shoot, open fire آتش گشودن
shooting تیراندازی
shores سواحل
short narrative خرده روایت
shortage کاستی
shortage کمبود
shouting; abound بیداد کردن
showing off خودنمایی
shrapnel ترکش
shrimp میگو
shy خجالتی
side effects عوارض جانبی

siege	محاصره
sign	امضا کردن
sign and seal	مهروامضاء کردن
significant	درخورتوجه
significant amount	مقدار قابل توجهی
significant growth	رشد محسوس
significant presence	حضور پررنگ
significantly	به طرزقابل توجهی
signs	علامات
silo	سیلو
sim card	سیم کارت
similar	مشابه
simile	تشبیه
simple-minded	ساده اندیش
simpleton	ساده لوح
simplistically	ساده انگارانه
simultaneous translation	ترجمه همزمان
simultaneously	به طورهمزمان
sin	گناه
since	دایربه اینکه
sincere	صمیمانه
singer; reader	خواننده
single rate	تک نرخی
sip	جرعه
ski tracks	پیست
skillful	مدبر
skills	فنون
slave	برده
slaves	ممالیک
slippery	لغزنده
slogan	شعار
slogan chanters	سردهندگان شعار
slow	کند
slow lane	باند کندرو
smallest	خردترین
smallholders	خرده پاها
smart card	کارت هوشمند
snacks	تنقلات
snatch	قاپیدن
sneer, grin	پوزخند زدن
sneeze	عطسه
snow removal	برفروبی
snow-prone place	برف گیر
soak	آغشته کردن
social aspect	جنبه اجتماعی
social classes	اقشار جامعه
social constraints	محدودیت های اجتماعی
social damages	آسیب های اجتماعی
social fabric	بافت اجتماعی
social formations	تشکل های اجتماعی
social insurance	تأمین اجتماعی
social networks	شبکه های اجتماعی
social problem	معضل اجتماعی
social rank	قشر
social reformist	اصلاح طلب اجتماعی
socializing	معاشرت
socio-cognitive	جامعه شناختی
soft war	جنگ نرم
software	نرم افزار
sole end	غایت واحد
sole identity	هویت واحد
solidify	قوام یافتن
solitary	منفرد
solution	چاره
solvent	حلال
some	بعضاً
song	ترانه
sorrow	اندوه
sort, order	چیدمان
source, origin	مبدأ
souvenir	سوغات
sovereignty	حاکمیت

spare parts	قطعات یدکی
spare time	اوقات فراغت
spark	جرقه
spark and light	جرقه و بارقه
sparkle	جرقه زدن
spastic	انقباضی
speak	تکلم کردن
spear	نیزه
special committee	کمیته ویژه
special lanes	خطوط ویژه
special vision	دید ویژه
specialists (medical)	پزشکان متخصص
specialty	فوق تخصص
specific	مختص
speeches	گفتارها
speed bump	دست انداز
spend (time)	سپری کردن
spend money	هزینه کردن
spiral movements	حرکات مارپیچ
spirit, morale	روحیه
spiritual leader	هادی معنوی
spiritual life	حیات معنوی
spiritual reward	اجرمعنوی
spirituality	معنویت
spite	بغض
splendor	فره
split	شکاف
spokesperson	سخنگو
sponging	سورچرانی
spontaneous	خودجوش
sport club	باشگاه
spousal abuse	همسرآزاری
spray (noun)	افشانه
spray (verb)	اسپری کردن
spreading lies	دروغ پراکنی
sprout	جوانه زدن
spying (by overhearing)	شنود
spying (by penetrating in the information system)	نفوذ اطلاعاتی
squares	میادین
stability	استواری
stability	پایداری
stabilization	تثبیت
stabilizer	تثبیت گر
stable, fixed	ثباتمند
stages	مراحل
stagnant market	بازارراکد
stall, booth	غرفه
stand	پا برجا بودن
standard	استاندارد
standard parallel futures	معاملات سلف موازی استاندارد
stare, gaze	خیره شدن
startled	حیرت زده
starvation	قحطی زدگی
statesman	زمامدار
station	جایگاه
station, stop	توقفگاه
stationary	لوازم التحریر
statistics	آمار
statistics center	مرکز آمار
statue	مجسمه
status	وضعیت
steal	دستبرد زدن
steal, rob	ربودن
steam turbine	توربین بخار
steersman	سکاندار
stifling	خفقان آور
still	کماکان
stock exchange	بورس
stock exchange	بورس اوراق بهادار
stock exchange index	شاخص کل بورس

stocks (shares) سهام
stolen goods اقلام مسروقه
stomping ground پاتوق
stone carving سنگبری
stone inscriptions سنگ نبشته ها
stop متوقف کردن
stop working دست از کار کشیدن
storage ذخیره
storytelling داستان سرایی
stove گازخوراک پزی
strangers بیگانگان
strangulation اختناق
strategic supervision نظارت راهبردی
strategy استراتژی
stray dog سگ ولگرد
streak رگه
stretched انبساطی
stretch کش آمدن
stretch of the earth بسیط زمین
strike ضربه زدن
strike one's mind به ذهن خطورکردن
strong سترگ
strong مستحکم
strong points نقاط قوت
strongly قاطعانه
strongly قویاً
structures سازه
struggle دست وپنجه نرم کردن
stubborn لجوج
student organizations تشکل های دانشجویی
stunt شیرین کاری
stupor بلاهت
style سبک
sub-orbital زیرمداری
subject to منوط به
subject, topic سوژه
subjected مسخر
subjectivism سوبژکتیویسم
subjects مطالب
submarine زیردریایی
submergence استغراق
submit تحویل دادن
submit (formal) تقدیم کردن
subset زیرمجموعه
subsidy یارانه
substitute ما به ازا
substructure زیرساخت
subtle matter ماده لطیف
subtler matter ماده الطف
subzone زیرپهنه
successor جانشین
successor (high-ranking position) قائم مقام
suck مکیدن
suffer دررنج بودن
suffering رنج
suffering (from a disease) ابتلا
sufferings مصایب
suffice بسنده کردن
sufficient مکفی
sufficient experience سوابق کافی
suggested price مبلغ پیشنهادی
suggestions پیشنهادات
suicide انتحار
sultan سلطان
summarized تلخیص شده
summon, call فراخواندن
Sunnism تسنن
supercomputers ابررایانه ها
superficial سطحی
superiority برتری
supervision سرپرستی
supervision نظارت

supervisor سرپرست
supervisor; overseer; observer ناظر
supplement مکمل
supply and demand عرضه و تقاضا
support حمایت
support (financial) پشتوانه
support (someone to lean on) تکیه گاه
supporter متکفل
supporters پشتیبانان
supporters, fans هواداران
supporting actor بازیگرنقش فرعی
suppression سرکوبی
Supreme Audit Court دیوان محاسبات
supreme council شورایعالی
surpass درنوردیدن
surplus مازاد
surprise غافلگیر کردن
surprise operations عملیات غافلگیرانه
surreal سورئال
surrender تسلیم شدن
surrounded محصور
surrounding, around پیرامون
survival بقا
survival factors عوامل بقا
suspicion گمانه
sustainable development توسعه پایدار
sweat عرق
swell ملتهب کردن
swelling ورم
swerving left انحراف به چپ
sword شمشیر
syllabus سرفصل
symbol نماد
symbolism رمزپردازی
symbolist نمادگرا
symbologist نشانه شناس
symphony orchestra ارکسترسمفونیک
symptoms علائم
syntax نحو
system سامانه
system نظام
table جدول
tablets الواح
taboo تابو
tag برچسب
take a giant step گام بلند برداشتن
take advantage بهره گرفتن
take captive به اسارت درآوردن
take hostage به گروگان گرفتن
take into account ترتیب اثردادن
take possession تصاحب کردن
take possession of درتصرف قراردادن
take shelter پناه گرفتن
taking advantage, misuse سوء استفاده
talisman طلسم
talkative وراج
tangible قابل لمس
tangible ملموس
tank مخزن
tar قطران
tar covering ایزوگام
tariff تعرفه
taste (in something, e.g., decor) سلیقه
taste (verb) مزه مزه کردن
taste, relish (noun) مذاق
tastes سلایق
tattoo خالکوبی
tax base پایه مالیاتی
tax coefficient ضریب مالیاتی
tax collection مطالبه مالیات
tax evasion فرارمالیاتی
tax exemption معافیت مالیاتی

tax revenues درآمدهای مالیاتی
taxation and revenue agency سازمان متولی امرمالیات
teaching wage (hourly) حق التدریس
tear drop اشک
teaser trailer تیزرتبلیغاتی
technical problem اشکال فنی
technicians کارشناسان فنی
technology فناوری
Tele-film تله فیلم
temper خلق وخو
temperament مزاج
temperaments طبایع
template شابلون
temporary موقت
tempt وسوسه کردن
temptation هوی
tenant مستأجر
tend, be inclined گرایش پیدا کردن
tenderness عطوفت
tension تنش
tenure تصدی
tenured teachers معلمان رسمی
terminal پایانه
termination انقضا
territory قلمرو
terrorize به وحشت انداختن
text message پیامک
thanks to به پاس
thanks to به شکرانه
the clergy روحانیون
the dismissed اخراجی
The genius نوابغ
the injured مصدومان
the only cause علت تامه
the press مطبوعات
the retired بازنشستگان
the unseen world جهان غیب
the way forward راه پیش رو
theater تئاتر
theater تماشاخانه
theme تم
theme درونمایه
theological تئولوژیک
theology الهیات
theoretical نظری
theoretical bases مبانی نظری
theoretical framework چارچوب نظری
theoretician نظریه پرداز
theory نظریه
thereby از این رهگذر
they (legal) مشارالیهم
thieves سارقان
thin, sparse کم پشت
things اقلام
Third World جهان سوم
thorn خار
thoroughly صدروذیل
those in charge متولیان امر
thought اندیشه
thought تفکر
thought provoking قابل تأمل
thought, intellect اندوخته فکری
thoughts پندارها
thousand trees هزار اصله درخت
threaten تهدیدکردن
threshold آستان
throw پرتاب کردن
throw up قی کردن
thus ازهمین رو
thyroid تیروئید
tile کاشی

English	Persian
time, period	زمانه
times	مواقع
tinge	ته مایه
tire chains	زنجیر چرخ
title	عنوان
titles	عناوین
to compete	به میدان رقابت آمدن
toad	وزغ
toddler	نوپا
together	توأمان
together with	به اتفاق
toilet	توالت
tolerance	سعه صدر
tolerance; negligence	اغماض
toll	عوارض
tone	لحن
top	طراز اول
top producer	تولید کننده برتر
top quality	کیفیت ممتاز
tormenting	زجرآور
torpedo	اژدر
torture	شکنجه
total value	ارزش کل
totality	تمامیت
touch	لمس
tourism	گردشگری
tourist centers	مراکز گردشگری
tracking code	کد رهگیری
tracts	مجاری
trade	دادوستد
trade promotion organization	سازمان توسعه تجارت
trademarks	علائم تجاری
traditional gymnasium	زورخانه
traditional sciences	علوم سنتی
traditional space and context	فضا وبافت سنتی

English	Persian
train car	واگن قطار
trainer	مربی
traitor to one's country	وطن فروش
traits	صفات
tranquility	آرامش
tranquilizing	آرامش بخش
transcendence	استعلا
transcendent realm	ساحت متعالی
transduction domain	ساحت حلولی
transfer	واگذاری
transferrable	قابل واگذاری
transform	مبدل کردن
transformations	تحولات
translation	برگردان
translation fee	حق الترجمه
transmission ways	راه های انتقال
transmit	سرایت کردن
transparency	شفاف سازی
transparency of information	شفافیت اطلاعاتی
transparent	شفاف
transportation	حمل ونقل
transportation fees	هزینه ایاب وذهاب
trash	آشغال
travel	سیرکردن
treacherous	خیانت آمیز
treasure	گنجینه
treasury	خزانه داری
treat	تلقی کردن
treaty	معاهده
tree	شجره
tree masses	توده های درختی
trend	روند
trial	دادرسی
tribal	قومیتی
tribalism, clanship	طائفه گری
tribes	طوایف

tribune	تریبون
trick	ترفند
trick and deception	کلک وحقه
triumph	ظفر
trouble	دردسر
trouble makers	فتنه گران
true manifestation	مظهرراستین
truly	بحق
trustee	متولی
trustworthy	امین
truth	صدق
truthfully	صادقانه
tsunami	سونامی
tuberculosis	سل
tumult	جنجال
turns	پیچ و تاب
TV channels	شبکه های سیما
TV series	سریال های تلویزیونی
twin or double	همزاد
two-staged	دومرحله ای
twofold	دوگانه
U-turn	دوربرگردان
ugly	بدچهره
unadorned, free-standing	بی پیرایه
unanimously	به اتفاق آرا
unauthorized	غیرمجاز
unavoidable	غیرقابل اجتناب
uncertainty	بلاتکلیفی
unconscious	بیهوش
unconsciously	به طورناخودآگاه
unconstructive	غیرسازنده
uncontrolled expansion	گسترش بی رویه
undeniable	انکارنشدنی
undeniable	غیرقابل انکار
under criticism	در بوته نقد
under dispute	مورد مناقشه
under supervision	زیرنظر
undergo change	دستخوش تغییرشدن
underground music	موسیقی زیرزمینی
underperform	قصور کردن
understanding (adj)	فهیم
understanding (noun)	تفاهم
underwriting	پذیره نویسی
unduly	بی خود
unemployment growth	رشد بیکاری
unemployment rate	نرخ بیکاری
unending	پایان ناپذیر
unequal distribution	توزیع نابرابر
UNESCO Conventions	کنوانسیون های یونسکو
unexceptionally	بلااستثناء
unexpected	سرزده
unfavorable situation	وضعیت نامطلوب
unfortunate	شوربخت
unintentional	سهوی
uninvited guest	میهمان ناخوانده
unique	یگانه
unit	یگان
unity	وحدت
unity	همبستگی
universal	جهانشمول
universality	جامعیت
universe	عالم هستی
universe	کائنات
university chair	کرسی دانشگاه
unjust	غیرعادلانه
unjust	ناروا
unjustifiable	ناموجه
unlike	برخلاف
unorganized	نابسامان
unpaid	بی مزد
unpleasant	ناگوار
unprecedented	بی سابقه

unprecedented crimes of the Holocaust جنایات بی سابقه هولوکاست
unprecedented events حوادث غیرمترقبه
unprecedented, unexpected غیرمنتظره
unquestionable truth وحی منزل
unrealistically غیرواقع بینانه
unripe grape غوره
unsafe غیرایمن
unstable نامستحکم
unsystematic غیرنظام مند
until لغایت
untrue خلاف واقع
unveiling پرده برداری
unveiling رونمایی
upbringing تربیت
updates بروزرسانی
uproar غوغا
uproar هنگامه
uprooting ریشه کنی
uprooting floods سیل های بنیان کن
ups and downs زیروبم
ups and downs فرازوفرود
upside down وارونه
urgent need نیاز فوری
urinate ادرارکردن
USA ینگه دنیا
used مصروف
uses مصارف
utility sector بخش یوتیلیتی
vaccinate واکسیناسیون کردن
valid معتبر
valuable گرانمایه
value (verb) ارزش قائل شدن
value (verb) بها دادن
value added ارزش افزوده
value range طیف ارزشی
value-oriented ارزش مدار
van وانت
variety تنوع
vast spectrum طیف وسیع
vastness فراخی
vastness وسعت
vegetative state زندگی نباتی
vehicle documents مدارک خودرو
vehicle inspection centers مراکزمعاینه فنی خودروها
veiled محجبه
venerable ارجمند
verification تصدیق
verification راستی آزمایی
verification صحت وسقم
verse آیه
vertical عمودی
very بسی
very bad handwriting خط خرچنگ قورباغه
very few عده قلیل
veteran پیشکسوت
veterans ایثارگران
veto وتو
vibrancy جنب وجوش
vicious cycle دورباطل
vicious cycles ادوار باطل
victory نصرت
video clip ویدئو کلیپ
viewpoint دیدگاه
viewpoint نقطه نظر
views, scenes مناظر
violate نقض کردن
violation (e.g., of driving regulations) تخلف
violation (e.g., of human rights) نقض
violation (e.g., of law) تخطی
violators ناقضین
violence خشونت

violent	خشونت طلب
violent, violently	ددمنشانه
virtue	فضیلت
visible	پدیدار
visible	مرئی
visible	نمایان
vision	رؤیت
visit	دیدار
visual	بصری
visual	تجسمی
visual richness	غنای بصری
visualization	تجسم
vital	حیاتی
vividly	به صراحت
voice	آوا
volatility fund	نوسان بازده صندوق
volume	مجلد
volunteer	داوطلبان
vote of confidence	رأی اعتماد
vulgar (e.g., of pictures or films)	مبتذل
vulgar (e.g., of words)	سخیف
vulgar slogans	شعارهای عوامانه
vulnerable social class	قشرآسیب پذیر
wage	دستمزد
wage	کارمزد
wage earners	مزدبگیران
Wahhabi	وهابی
wall drawings, murals	دیوارنگاری
walls	جداره
wandering	سرگردان
wane of the moon	محاق
warm-blooded	خون گرم
warm-tempered	طبع گرم
warn	انذاردادن
warning	هشدار
warp and weft, weft fiber	تارپودی
warrior	رزمنده
wastage	تفریط
waste	تباه کردن
wasting	اتلاف
wasting resources	اتلاف منابع
watchman	دیده بان
way of ordering	نحوه چینش
weak (person)	نحیف
weak (thing)	خفیف
weaken	تضعیف کردن
weakness	ضعف
weapon	سلاح
weapon confiscation	قبضه سلاح
weapons of mass destruction	سلاح های کشتارجمعی
wear out patience	طاقت طاق کردن
website	تارنما
welcome	استقبال
welfare	رفاه
well	چاه
western schools	مکاتب غربی
westernization	غربزدگی
wheat stem	ساقه گندم
while	درحین
while	ضمن اینکه
while on duty	حین انجام وظیفه
whirlpool	گرداب
whisper	زمزمه
White House	کاخ سفید
wholeheartedly	ازصمیم قلب
widening	تعریض
widow	بیوه
wilderness-like	برهوت گونگی
will	وصیت
win-win agreement	توافق برد ـ برد
windshield wiper	برف پاک کن

winning card, bargaining	برگ برنده
wisdom	حکمت
wisdom	عقلانیت
wise (action)	حکیمانه
wise (person, action)	معقول
wise (person)	فرزانه
with disturbances	پرتلاطم
with reference to	با استناد به
with similar width	هم عرض
with tolerance	با سعه صدر
withdraw	عقب نشینی کردن
wither	پژمرده شدن
within	ظرف
within the community	بطن اجتماع
without ceremony	بی رودربایستی
without content	بی محتوایی
without credibility	فاقد اعتبار
without recourse	عدم توسل
without turning a blind eye	بدون اغماض
womb	بطن
wondrous	شگرف
words	واژگان
work force	نیروی کار
work permit	پروانه اشتغال
World Conference on the Environment	اجلاس جهانی محیط زیست
World Cup	جام جهانی
world of acting	دنیای بازیگری
worried	مضطرب
worry (noun)	خودخوری
worry, anxiety (noun)	نگرانی
worrying	نگران کننده
worthy	سزاوار
worthy of	درخور
worthy to mention	شایان ذکر
wreath	حلقه گل
wrestled	متنزع
write	نگاشتن
write, pen	قلم زدن
writing	تألیف
writings	مصنفات
written notice	تذکر کتبی
yet	با این وصف
yet	لیکن
yet	منتها
young ages	سنین پایین

23/12/2018